北京市教育委员会科学研究计划项目资助（SM202111417011）
北京市优秀人才培养资助青年骨干个人项目资助（2018000020124G078）

Study on Medical Dispute Prevention System
under Doctor-Patient Relationship Perspective

医患关系视角下医疗纠纷预防机制研究

陈琦◎著

中国法制出版社
CHINA LEGAL PUBLISHING HOUSE

目录 / CONTENTS

Yihuan Guanxi Shijiao Xia
Yiliao Jiufen Yufang Zhidu Yanjiu

引 言

一、医患关系与医事法

医生作为一个神圣且特殊的行业，历史上长久以来，以行业自律为主要管理和规制手段，并不受法律的约束。医疗从业者拥有至高无上的权威，享有优越的社会地位，还同时拥有近乎豁免的法律地位。[①]然而，一些医师[②]的所作所为让全世界认识到光有医疗界的行业自律是不够的，医疗行业不能完全不受法律规制，世界各国开始制定相关法律法规来规制医疗行业，因此医事法终于到来。[③]

针对医事法的定义，有多种观点。有学者认为医事法主要调整医疗服务人员和患者之间的法律关系，即只关注医患关系。也有学者认为医事法并非只调整医患关系，也涉及国民医疗服务体系的配给制，公共卫

① 医学界认为为了公众的利益，自律是必需的。以《希波克拉底誓言（Hippocratic Oath）》为例，《希波克拉底誓言》由医师起草，以医师为对象，由医师来实施，被认为是一个非常专业的职业群体的内部规则。同样的，除非医学界出现明显的自律失效，否则很难认为法律对医学界的涉足是有必要的。参见［英］查尔斯·福斯特:《医事法》，刘文戈译，译林出版社2020年版，第2页。

② 比如，被称为“死亡天使”的纳粹德国医生约瑟夫·门格勒（Josef Mengele）和被称为“死亡医生”的哈罗德·希普曼（Harold Shipman）等。

③ 参见［英］查尔斯·福斯特:《医事法》，刘文戈译，译林出版社2020年版，第3—5页。

生等问题。[①]还有学者认为医事法属于卫生法的一部分，卫生法的内涵与外延要大于医事法，医事法是指在卫生法中主要调整医疗服务法律关系的法律法规的总称。[②]笔者赞同此种观点，尽管医事法涉及的内容很多，包括合同法、侵权法、刑法、行政法等，[③]但医事法的核心是医疗服务法律关系。

医事法的基本原则是医事法的精神所在，具体包括：（1）患者至上原则（Patient First）。医方与患方作为医疗服务法律关系的主体，医方作为专业人员，掌握大量的专业知识，处于优势地位，患方则处于弱势地位，因此，医事法的设计与实施都会偏向于患方，即以患者至上为原则。（2）意思自治原则（Autonomy）。医事法律关系属于民事法律关系，因此，民法的意思自治原则亦是医事法的基本原则。（3）不伤害原则（Nonmaleficence）。医方在救治患者的过程中，不得使患者的身心受到损害，[④]这既是医学伦理上的基本原则，也是医事法上的基本原则。（4）公平正义原则（Justice）。公平正义自古便是一种美德和价值理想，医事法应以公平正义为基本原则，落实医疗人权的保障。[⑤]

---

① 参见［英］乔纳森·赫林著：《医事法与伦理》，石雷、曹志建译，华中科技大学出版社2022年版，第4页。

② 参见王岳主编：《医事法》，人民卫生出版社2019年版，第2页。

③ 鉴于医事法涉及的内容之多，有学者评论医事法律人是“万金油”，医事法是“学术版的疯子”。参见［英］乔纳森·赫林著：《医事法与伦理》，石雷、曹志建译，华中科技大学出版社2022年版，第4页。

④ 鉴于医疗行为本身可能具有侵害性，完全做到不伤害是不可能的，因此这里的不伤害仅指相对的不伤害。

⑤ 王岳主编：《医事法》，人民卫生出版社2019年版，第3—6页。

二、医疗纠纷是世界面临的共同难题

严重且频发的医疗纠纷并非我国所特有的问题，而是一个全世界都面临的共同难题。美国的医疗纠纷问题就曾被学者比作“法律战争中的越南战争”。[①]

医疗纠纷的成因是众多学者研究医疗纠纷问题的起点。有学者指出医疗纠纷源于医患之间信任的缺失。医疗机构的逐利性与医疗保障的不足，医患之间缺乏风险沟通、忽视知情同意，不当的医疗损害责任制度是造成医患信任缺失的主要原因。[②]有学者将医疗纠纷成因分为“正当原因”与“非正当原因”。公众健康需求的增加、诊疗行为的复杂化以及医疗卫生技术人员数量的增长是导致医疗纠纷的“正当原因”；在“非正当原因”中，医疗机构“不当逐利”是导致医疗纠纷的深层原因，患者遭受“非预期医疗损害”是引发医疗纠纷的基础性原因，部分医务人员责任心不强、态度差是形成医疗纠纷的关键原因，医患沟通障碍是医疗纠纷发生的重要诱因，不完善的医疗保障制度和医疗风险分担机制是医疗纠纷的催生因素。[③]还有学者指出医疗费用过高、医疗资源发展不均衡、医疗行为规范不健全、医疗纠纷解决渠道

---

① 参见 Thomas B. Metzloff, “Understanding the Malpractice Wars”, 106 the *Harvard Law Review*, 1169–1196, (1993)。

② 参见齐晓霞:《医患纠纷“激化”的成因分析与法律应对——以三起暴力袭医事件为关切》，载《求是学刊》2020年第1期。

③ 参见罗涛、刘兰秋:《医疗纠纷现状及发生原因分析》，载《中国医院》2018年第12期。

过于单一、患者权利意识高涨亦是造成医患关系恶化、医疗纠纷增多的原因。[①]亦有学者从实证分析的角度出发，以某一时间段内发生在某一地区的医院中的医疗纠纷为例，分析医疗纠纷的原因。[②]

医疗损害的鉴定与责任研究在医疗纠纷的预防与处理中占有重要地位，学者对其的研究有多个角度。有学者结合《医疗纠纷预防和处理条例》的施行，认为《医疗纠纷预防和处理条例》提出了从程序统一路径构建一元化医疗损害鉴定制度的新思路，具有现实可操作性及指导价值。[③]有学者从《中华人民共和国民法典》（以下简称为“《民法典》”）的视角出发，认为《民法典》基本上沿袭了《中华人民共和国侵权责任法》（以下简称为“《侵权责任法》”）的规定并作了一定修改，进而推动了医疗损害相关制度的完善。但是，《民法典》就医疗损害的相关规定仍存在一定问题，比如，对患方的举证责任并未采用缓解制度，缺乏过度治疗的责任，未对无过错医疗风险造成患者损害的救济进行规定等。[④]还有学者从医疗损害

① 参见申卫星：《医患关系的重塑与我国〈医疗法〉的制定》，载《法学》2015年第12期。

② 参见王斌、杨一龙等：《2015—2020年兰州市省属医院629例医疗纠纷发生原因分析》，载《安徽医学》2023年第2期。

③ 参见赵敏：《〈医疗纠纷预防和处理条例〉视野下医疗损害鉴定制度一元化求解路径的新思维》，载《中国医学伦理学》2020年第1期。

④ 参见薛涛、吕惠聪等：《〈民法典〉视阈下医疗损害责任探讨》，载《中国卫生法制》2022年第2期；封海波：《医疗损害因果关系认定与责任分配研究》，载《江苏社会科学》2021年第5期；艾尔肯：《论我国无过错医疗损害补偿制度的构建》，载《北方法学》2021年第4期；陈龙业：《医疗损害责任的规则创新与司法适用——关于民法典医疗损害责任一章修改规定的解读》，载《中国应用法学》2020年第6期。

多因致害的特点出发，对原因力规则①进行深入研究，以期合理确定医疗机构的过失赔偿责任。②亦有大量的学者从实证分析的角度对医疗损害的案件进行分析。③还有学者结合最新技术的发展，探讨诊疗人工智能的医疗损害责任。④

医疗纠纷尽管可以和其他纠纷一样通过诉讼解决，但是多数学者认为大量的患者在医疗纠纷中没有得到应得的救济，医疗纠纷诉讼难以实现保护患者的目的。⑤合理且完善的医疗纠纷解决机制对缓解医疗纠纷有重要作用，采用多元化的医疗纠纷解决方式，特别是非诉讼纠纷解决机制被认为可以很好地解决医疗纠纷。⑥在众多非诉讼纠纷解决机制中，调解被认

---

① 原因力规则以解决多因致害中某特定因素的责任承担或损失分担问题为目的。参见郑永宽：《医疗损害赔偿中原因力减责的法理及适用》，载《中国法学》2020年第6期。

② 参见郑永宽：《医疗损害赔偿中原因力减责的法理及适用》，载《中国法学》2020年第6期。

③ 参见汪梅、张妍等：《医疗损害责任纠纷与侵权354份审判案件分析》，载《中国卫生事业管理》2022年第12期；高姝、王蕾：《医疗损害责任纠纷诉讼案件分析——以北京市2021年案件为例》，载《医院管理论坛》2022年第12期；黄梦琴、周菁菁等：《医疗损害鉴定的责任因素分析及其对策研究——基于徐州市医学会鉴定434份案例定性比较》，载《中国卫生事业管理》2023年第1期。

④ 参见郑志峰：《诊疗人工智能的医疗损害责任》，载《中国法学》2023年第1期。

⑤ 参见James W. Hughes, “Book Review: Insuring Medical Malpractice, by Frank A. Sloan, Randall R. Bovbjerg; Penny B. Githens. New York: Oxford University Press, 1991, 241 pp; Medical Malpractice on Trial, by Paul C. Weiler. Cambridge, MA: Harvard University Press, 1991, 256 pp.” , 12 the *Journal of Policy Analysis and Management*, 396–399 (1993)。

⑥ 参见Michael I Krauss, “A Medical Liability Toolkit, Including ADR” , 2 the *Journal of Law*, 349–430 (2012)。

为是有效解决医疗纠纷的手段。[1]我国的医疗纠纷人民调解制度被认为已基本建立并逐步走向成熟，该制度的不断完善对及时化解医疗纠纷具有不可替代的作用。[2]据此，应加强对医疗纠纷人民调解制度的宣传，提升医疗纠纷人民调解制度的社会知晓率，使当事人能够主动选择调解的方式来解决医疗纠纷。[3]同时，应进一步完善在实践中探索出的调解工作方式，比如“模糊处理”。[4]除医疗纠纷人民调解制度以外，《医疗纠纷预防和处理条例》还规定了医疗纠纷的行政调解，得到了学者的肯定。[5]其他学者亦提出了医疗纠纷仲裁制度[6]、医疗道歉制度[7]等非诉讼纠纷解决方式。有学者指出在医疗纠纷解决机制中，应将道歉放在第一位，其次才是调解。[8]

---

① 参见Caitlin McClay, “Mediation in Medical Treatment: A More Effective Way to Manage Disputes”, 68 the *Catholic University Law Review*, 525-550 (2019)。

② 参见杜仪方：《人民调解制度在医疗纠纷领域的适用与完善》，载《求是学刊》2020年第1期。

③ 参见艾尔肯、刘园：《论医疗纠纷第三方调解机制的宣传路径》，载《中国卫生法制》2022年第2期。

④ 参见陈加乙：《论医疗纠纷人民调解中的“模糊处理”》，载《中国卫生法制》2022年第4期。

⑤ 参见刘炫麟：《〈医疗纠纷预防和处理条例〉立法争议问题研究》，载《青海社会科学》2019年第2期。

⑥ 参见陈琦：《医疗纠纷仲裁制度的正当性证成》，载《江汉论坛》2018年第6期。就医疗纠纷仲裁制度，有学者提出了一定的质疑，认为医疗纠纷仲裁自身存在一定的不足，难以担当缓解医患矛盾、解决医闹问题的重任。参见董春华：《美国医疗纠纷仲裁发展困境的缘由与中国的选择》，载《现代法学》2016年第3期。

⑦ 参见满洪杰：《医疗道歉法与医疗纠纷解决机制的发展——美国经验与中国进路》，载《当代法学》2017年第6期。

⑧ 参见Jeffrey I. H. Soffer, “Apologize First; Mediate Second; Litigate Never”, 34 the *Review of Litigation*, 493-528 (2015)。

还有学者探讨了心理干预、修复性正义等方式及理论等在医疗纠纷解决中的作用。[①]

三、医患关系是备受关注的职业关系之一

面对医疗纠纷这样一个世界共同面临的难题，有学者指出医患关系是医疗纠纷的本质，缓解医疗纠纷必须从全面正确认识医患关系出发。[②]笔者认为这恰恰解释了为何医患关系相关研究颇多，甚至被认为是受到研究最多的职业关系之一[③]。

从古至今的医患关系的特点及表现是众多学者关注的重点之一。有学者以历史中的医患关系为研究对象，分析不同时代医患关系的特点及背后的原因，以期实现以古鉴今的功效。[④]有学者将新型冠状病毒感染（以下简称为“新冠感染”）时期的医患关系与当今通常的医患关系作对比，进

---

① 参见夏进、李德军：《心理干预在医疗纠纷解决中的作用探讨》，载《中国卫生标准管理》2021年第12期；吴英旗：《修复性正义对我国医疗纠纷处理方式的启示》，载《中国卫生事业管理》2021年第3期。

② 参见杨全玉著：《医患关系的密码：“医疗+法律”思维解决医疗纠纷之道》，中国法制出版社2017年版，第198—242页。

③ 参见Jennifer Vanderminden, Sharyn J. Potter, “Challenges to the Doctor-Patient Relationship in the Twenty-First Century” , William C. Cockerham (ed), *The New Blackwell Companion to Medical Sociology*, Blackwell Publishing Ltd, 2010, p.355。

④ 参见赵丛苍、曾丽：《医学考古学视域的商周医患关系初探》，载《文博》2022年第1期；姜鑫、尹梅、王萍：《以古鉴今的医患关系研究》，载《中国医学伦理学》2021年第9期；Marion Baschin, Elisabeth Dietrich-Daum and Iris Ritzmann, “Doctors and Their Patients in the Seventeenth to Nineteenth Centuries” , 96 the *Clio Medica*, 39-70 (2016)。

而为当今医患关系的改善提出建议。[①]还有学者结合现代最新的技术发展，研究数字时代背景下医患关系的特点、问题及对策。[②]

医患关系的法律属性被认为是医患关系的本质，我国学界对其的定性一直存有争议，[③]存在民事法律关系说[④]、行政法律关系说[⑤]、社会法律关系说[⑥]等多种观点。

和谐的医患关系的构建以及构建方法一般是对医患关系进行研究的落脚点。有学者指出构建新型医患关系关乎人民的健康福祉以及医疗卫生事业的发展，是推进健康中国建设的重要路径，应将其作为高等医学教育改

① 参见吕俏丽、喻树峰、王加充：《特殊时期方舱医院式医患关系与当今通常医患关系之比较分析》，载《医学与法学》2021年第3期。

② 参见［美］埃里克·托普著：《颠覆医疗：大数据时代的个人健康革命》，张南、魏薇、何雨师译，电子工业出版社2014年版；［英］格雷著：《聪明的病人》，秦颖、唐金陵译，北京大学医学出版社2006年版；董丽云、邓玮：《标准医生、百度病患与阐释—交往性医疗图景——技术语境下的医患关系个案研究》，载《探索与争鸣》2022年第4期；Jennifer Vanderminden, Sharyn J. Potter, "Challenges to the Doctor–Patient Relationship in the Twenty–First Century", William C. Cockerham (ed), *The New Blackwell Companion to Medical Sociology*, Blackwell Publishing Ltd, 2010, pp.355–372; Ian R Freckelton, "Internet Disruptions in the Doctor–Patient Relationship", 28 the *Medical Law Review*, 502–525 (2020)。

③ 本书将在第二章对医患关系的法律属性进行详细的论述，故此处不过多赘述。

④ 参见宋晓亭：《再论医患关系是民事法律关系中的合同关系》，载《法律与医学杂志》2001年第3期；柳经纬、李茂年著：《医患关系法论》，中信出版社2002年版，第6页；李志强：《对医患关系是民事法律关系的探讨》，载《中国社会医学杂志》2010年第1期；赖红梅：《医患关系是一种特殊的侵权责任法律关系》，载《中国卫生法制》2010年第3期。

⑤ 参见胡晓翔：《再论医患关系的法律属性问题》，载《南京医科大学学报（社会科学版）》2023年第1期。

⑥ 参见张赞宁：《论医患关系的法律属性》，载《医学与哲学》2001年第4期；时颖：《医患关系社会法属性分析及法律适用》，载《新疆大学学报（哲学·人文社会科学版）》2011年第2期。

革的热点、重点与难点。[①]还有学者着重探讨医患沟通[②]、医务社工[③]、伦理和法律规范设计[④]等角度在和谐医患关系构建中的作用。

四、本书的结构及主要研究内容

本书以医患关系作为研究视角，分析医疗纠纷的预防制度，主要包括五个章节。第一章研究医患关系的基础理论问题，包括医患关系的概念、特征、具体内容和医患关系的模式。第二章从法律关系的视角出发分析医患关系的本质，医患法律关系。对医患法律关系的概念、分类、构成要素，特别是医患法律关系的主体，医方和患方以及医患法律关系的客体，医疗行为展开深入研究。同时，就医患法律关系性质的不同学说一一展开分析。第三章以医患法律关系的最核心要素——医患双方的权利与义务为研究对象，分别就医方的权利、医方的义务、患方的权利和患方的义务进行深入研究。第四章从多个不同的视角对医患关系展开分析，包括历史的视角、社会角色理论的视角、共情理论的视角，探究不同视角下的医患关系，并对其进行多视角的综合分析。第五章以医疗纠纷的概念和成因为起点，分析医疗纠纷预防在医疗纠纷解决中的重要作用，探究医患沟通机制和医务社会工作制度对推动医疗纠纷预防制度发展的重要意义。

---

① 参见刘江华：《构建新型医患关系赋能健康中国建设》，载《人民论坛》2021年11月下。

② 参见［英］彼得·沃舍著：《临床医患沟通艺术》，王岳译，北京大学医学出版社2016年版。

③ 参见欧阳邦辉：《个案社会工作介入缓和医患关系的实践研究》，载《中国医院管理》2021年第8期。

④ 参见赵西巨：《我国医患关系危机干预：基准、异化与矫正》，载《中国卫生法制》2021年第2期。

第一章

医患关系

著名医史学家亨利·E.西格里斯特（Henry E. Sigerist）曾说过，医学的先决条件是两种人，寻求帮助的病患和施予帮助的医师，因此，医学的研究对象就是这两种人之间多种多样的关系。[①]可见，医患关系是整个医学实践中最本质的东西。[②]面对当下频发的医疗纠纷，有必要从医学实践的根基出发，寻找问题的根源。本部分以医患关系的基础理论问题为研究对象，重点研究其概念、特征、内容及模式。

① 参见［瑞士］亨利·E.西格里斯特著：《人与医学：西医文化史》，朱晓译，中国友谊出版公司2019年版，第195页。

② 黄丁全著：《医事法新论》，法律出版社2013年版，第125页。

第一节　医患关系的概述

医患关系作为人类社会最基础、最根本、最重要的社会关系之一，[①]在医疗纠纷的研究中处于基础地位。就医患关系的研究，需要从基础理论出发，准确理解其概念及特征，掌握其所包含的具体内容。

一、医患关系的概念

医患关系，又称医病关系[②]，是指在诊疗活动过程中，医方与患方之间产生的各种关系。

就医患关系中的“医方”与“患方”的理解，存在以下三种观点：一

---

① 参见申卫星主编：《卫生法学原论》，人民出版社2022年版，第1页。

② 我国台湾地区学者大多将“医患关系”称为“医病关系”，比如黄丁全的著作《医事法新论》中第二篇医病关系即是以医方与患方之间的关系为研究对象，再比如吴志正的系列著作《解读医病关系》。亦有学者认为“病人”与“患者”是两个不同的概念，病人的范围要大于患者，病人是指患病的人，而患者仅仅指到医院就医的病人，因此，医患关系实际上应该被称作医病关系。又可参见古津贤、李大钦主编：《多学科视角下的医患关系研究》，天津人民出版社2009年版，第202页。

是认为医患关系中的“医方”仅指医师，“患方”仅指患者。[①]二是将医师与患者个体之间的关系定义为狭义的医患关系，除此之外，还有广义的医患关系，其中的“医方”指以医师为主的群体，不仅包括医师，还包括与从事医疗实践活动有关的其他主体，“患方”指以患者为中心的群体，其不仅包括身患疾病者及其亲属、代理人，也包括正常的健康者，比如参加入职或婚前以及日常体检者、接种疫苗者等。[②]三是认为“医方”指医疗机构，“患方”仅指接受医疗服务的患者本人。该观点认为尽管在诊疗活动中患者直接接触的是医师、药师、护理人员等，但其均为医疗机构的工作人员，其实施诊疗活动的后果由医疗机构承担；而诊疗活动的直接作用对象为患者本人，若将患者的亲属等纳入“患方”，反而会将医患关系复杂化。[③]

“医方”与“患方”的存在并不意味着就一定产生医患关系，“医方”与“患方”之间因互动而产生的各种关系，只有发生在诊疗活动过程中的才是医患关系。医患关系需要发生在一定场域，理论界与实务界并无争议。然而，就该场域的界定，存在三种不同的观点：一是认为医患关系的产生以疾病的诊疗服务为基础。[④]二是认为有合法行医资格的医疗活动中才会

---

① 比如黄丁全将医患关系定义为“直接医疗行为中医师与病患的互动”。黄丁全著：《医事法新论》，法律出版社2013年版，第130页。

② 参见古津贤、李大钦主编：《多学科视角下的医患关系研究》，天津人民出版社2009年版，第1—2页；又可参见柳经纬、李茂年著：《医患关系法论》，中信出版社2002年版，第1—2页；胡晓翔、姜柏生编著：《冷眼观潮——卫生法学争鸣问题探究》，东南大学出版社2001年版，第41—42页。

③ 参见古津贤、强美英主编：《医事法学》，北京大学出版社2011年版，第80—81页。

④ 参见柳经纬、李茂年著：《医患关系法论》，中信出版社2002年版，第1—2页。

产生医患关系，包括没有行医资格等在内的非法医疗活动中并不产生医患关系。[①]三是认为医患关系的产生基础是诊疗活动，但不应将对诊疗活动的理解限定在医方向患方提供诊疗护理服务，而应对其采用宽泛的解释，将医疗美容活动、医疗机构提供的管理服务等也纳入其中。[②]

笔者以为，医患关系就像一个多面体，其涉及医学、社会学、心理学、伦理学、法学、管理学等多个学科，对医患关系的理解应从综合的视角出发，对其概念的界定亦不应加入过多限制。因此，笔者认为医患关系中的“医方”与“患方”应分别指以医师为主的群体和以患者为中心的群体，在整个诊疗过程的不同阶段，“医方”与“患方”的具体所指不断发生变化。比如，在患者接受诊断治疗时，医患关系的主体是医师与患者；当患者出院却未缴纳医疗费用时，医患关系的主体为医疗机构与患者；若因患者过世而产生医疗纠纷，医患关系的主体是医疗机构、医务人员与患者家属。医患关系产生的场域亦应作宽泛的理解，患方因疾病向医方求助必然会产生医患关系，非因疾病而接受医疗服务亦会产生医患关系，比如因医疗美容而产生的医患关系；医方向患方提供诊断、治疗等服务会产生医患关系，医方向患方提供的其他非诊疗服务亦属于医患关系产生的场域，比如医疗机构为患方提供的安全保障服务等。[③]

---

① 参见丁朝刚主编：《卫生法学》，北京大学出版社2015年版，第323页。

② 参见申卫星主编：《医疗纠纷预防和处理条例条文释义与法律适用》，中国法制出版社2018年版，第14—15页。

③ 尽管因医疗机构为患方提供安全保障服务等而产生的纠纷并不属于“医疗纠纷”，但是会影响医方与患方之间的关系，医患关系产生的场域应包含此种情况。

二、医患关系的特征

医方与患方在诊疗活动中形成的医患关系是社会关系的一种，受社会大环境影响，是各种社会因素在医疗场域综合作用的具体体现，主要表现出以下三个特征：

第一，医患关系是一种动态的双向关系。医患关系涉及医方与患方两类主体，双方以治愈疾病为共同目标，共同参与到诊疗过程中。在现代医疗中[①]，伴随着医学模式的变化以及患者权利运动的兴起，医方不仅仅是单向地运用医学知识及技术去诊治疾病，而且要与患方充分进行沟通，在诊疗过程中就疾病、诊疗方案、相应风险等给予解释说明；患方也不仅仅是被动地配合医方的诊疗，而是会积极主动参与到诊疗过程中，与医方进行讨论并作出决定。医患关系体现出医方与患方之间动态的、双向的互动。[②]

第二，医患关系中医患的信息不对等。医患关系本身也是一种人际关系，[③]平等是其核心[④]。但是，考虑到医学知识及技术的复杂性，即便是经过专业训练的医师，也难以精通各个方面的医学知识，对于患者来说，更是如此。同样地，患者本身的生理状况、生活习惯、用药习惯、既往病史具有私密性，如若患者不主动与医方分享，医方也无从知晓。尽管互联网技术的发

① 传统医疗中以生物医学模式为主，医方关注疾病本身，忽视患方。现代医疗不同于传统医疗，以生物—心理—社会医学模式为主，医方在治疗疾病的同时，需对患方有全面的认识。

② 参见黄丁全：《医事法新论》，法律出版社2013年版，第129页。

③ 参见徐瑞容、何思忠主编：《医患关系学》，科学出版社2018年版，第1页。

④ 黄丁全在其著作中指出“‘平等’永远居于医病关系的核心地位”。参见黄丁全：《医事法新论》，法律出版社2013年版，第129页。

展对患者了解掌握医学知识技术有一定的帮助，病历制度也对医方了解患者的情况有帮助，但是，医患之间还是不可避免地存在信息的不对等。

第三，医患关系与人文关怀密不可分。医学虽然是一门科学，但是医学的对象是病患，因此，医学是一门以“人”为本的科学。①无论是西方医学，还是我国的传统中医，都非常重视医学的人文关怀。比如，“医学之父”希波克拉底（Hippocrates）在雅典发生瘟疫时，冒着生命危险前往雅典救治；我国唐代名医“药王”孙思邈在《备急千金要方》的“大医精诚”篇中写道：“凡大医治病，必当安神定志，无欲无求，先发大慈恻隐之心，誓愿普救含灵之苦。”②医患关系以人的需要为基础，生物医学模式把疾病与患者相分离，导致了医患关系的物化，受到诟病。医学终究是治疗疾病，救治患者，医患关系不能脱离人文关怀而独立存在。

三、医患关系的内容

医患关系涉及医学、法学、伦理学、心理学等多个学科，其内容可根据诊疗实施的有无划分为技术关系与非技术关系。③

所谓技术关系，是指在诊疗活动过程中，医方与患方因医疗技术互动而产生的关系。由于医方在医疗技术方面掌握的信息与患方并不对等，在技术关系中，容易出现医方高高在上、忽视患方自主性的情况，故医患关

① 参见黄丁全：《医事法新论》，法律出版社2013年版，第137—138页。

② 参见［唐］孙思邈著，李景荣等校释：《备急千金要方校释》，人民卫生出版社2014年版，第4页。

③ 参见黄丁全：《医事法新论》，法律出版社2013年版，第131—132页。

系容易产生矛盾。

所谓非技术关系，是指在诊疗活动过程中，医方与患方因社会、心理、伦理、经济等因素影响而产生的关系，具体包括：医患法律关系、医患伦理关系、医患心理关系等。[①]在医患关系中，患方对医方是否满意，医疗技术仅占部分因素，大多时候是非技术因素起决定性作用。医方是否遵守相应法律法规、是否真正关心患者、从患者的角度为患者考虑，很有可能会左右医疗纠纷的走向。[②]

---

① 有学者将医患关系的内容直接划分为医疗法律关系、医疗伦理关系和医疗心理关系。参见丁朝刚主编：《卫生法学》，北京大学出版社2015年版，第323—324页。

② 2016年发生在一位化名老金的长者身上的事情充分体现了非技术因素在医患关系中的重要作用。老金患有好几种基础病，有一次在老金需要更换心脏起搏器导管时，由于时间久远，老金想不起来起搏器的型号。而为老金诊治的田大夫花费了一个多小时的时间观察老金的心跳规律，参照心脏成像判断出老金的起搏器型号，而后的手术及住院康复等，都是田大夫在细心照护，老金由此把就医确定在了田大夫上班的医院。2016年11月老金在家中摔倒，需要更换股骨头，在换股骨头之前，外科医生要求老金做透析，但是老金家属认为不应该采取有风险的医疗措施，外科医生坚持要先透析，结果老金在下手术台12小时后就去世了。老金的家属本想向医院讨个说法，主要是提醒医生要将透析的风险清楚地告知患者和家属。但是，田大夫在老金去世后，赶到火葬场与老金告别，还拿给老金家人5000元，老金的家属感动万分，也就没有再找医院讨个说法，正是田大夫对患者及患者家属的细心及关心避免了一场医疗纠纷。参见景军：《基于死亡叙事的医疗社会生态分析》，载《思想战线》2022年第1期。

第二节　医患关系的模式

医患关系的模式是指在医学实践活动中医患双方互动的行为方式。[①]从医患关系产生到现在，医患双方的互动并非一成不变，而是随着医学的不断发展以及社会的不断进步在不断地发生变化，进而产生出不同的医患关系模式。无论是医方、患方，还是第三方，要想正确理解、处理医患关系，都需要对不同的医患关系模式有深入了解。

一、国外学者就医患关系模式的研究

1951年，美国社会学家塔尔科特·帕森斯（Talcott Parsons）首次将社会学中的“角色”概念引入医患关系的研究，提出“社会角色医患关系模式”。帕森斯认为医患关系等同于父母与孩子的关系，医师应尽其所能救治病患，患者则完全依赖于医师。由于医患双方信息的不对等，医师享有

① 参见徐瑞容、何思忠主编：《医患关系学》，科学出版社2018年版，第4页。

主导权，患者则没有任何自主权。[①]尽管帕森斯的“社会角色医患关系模式”为医患关系的研究开拓了新的视野，但是其被认为不具有广泛的适用性。比如，在慢性疾病的治疗中，患者其实并不完全依赖于医师。[②]

1956年，美国社会学家托马斯·萨斯（Thomas S. Szasz）和马克·荷伦德（Marc H. Hollender）依据医方与患方的地位、主动性以及病情的轻重缓急，首次将医患关系分为三种模式：主动—被动型（Activity-Passivity）、指导—合作型（Guidance-Cooperation）和共同参与型（Mutual Participation）。在主动—被动型的医患关系模式中，医方享有绝对主导权，患方处在被动地位，其主要的体现是在紧急救治的情况下，患者大多是危重病人或者处于精神恍惚、昏迷的状态，无法与医方进行沟通。萨斯和荷伦德将此种模式类比为婴儿与其父母的关系，正如婴儿只能完全服从于其父母一样，患方也只能服从于医方。在指导—合作型的医患关系模式中，患方与医方并非因紧急救治而产生互动，患方因为疾病主动向医方求助，能够与医方进行交流沟通。此种模式中，尽管患方享有更多自主权，患方往往仍会主动配合医方的诊疗。患方之所以愿意配合医方，除了对医方的尊重外，更多的是因为医方掌握更多的医疗技术、医疗知识。萨斯和荷伦德将此种模式类比为青少年与其父母的关系，尽管青少年已经享有一定的自主权，但在大多数时候，他们仍然需要父母的指导。在共同参与型的医患关系模式中，医方和患方互相依存，享有同等的权利。与另外两种模式

① 参见Talcott Parsons, “Illness and the Role of the Physician: A Sociological Perspective”, 21 *The American Journal of Orthopsychiatry* 3, 452–460 (1951)。

② 参见雷慧、郭田荣主编：《医患关系评价体系及对策研究》，化学工业出版社2018年版，第32页。

相比，共同参与型的医患关系模式更为理想，但是也更难实现。一般来讲，在慢性疾病的治疗中，由于患方长期患病，对疾病本身以及相关的医学知识有一定的了解，且患方本身才是治疗方案实施的主体，在整个诊疗过程中，患方发挥的能动性及主动性较高，更能体现出共同参与型的医患关系模式。[①]萨斯和荷伦德提出的三种医患关系模式是建立在帕森斯的“社会角色医患关系模式”基础上的，是目前被学界接受最广泛的模式之一。

1972年美国学者罗伯特·维奇（Robert M. Veatch）根据医师在医患关系中充当的不同角色，把医患关系分为四种模式：工程模式（The Engineering Model）、教士模式（The Priestly Model）、同事模式（The Collegial Model）和契约模式（The Contractual Model）。在工程模式中，医师就像一位科学家，只负责医疗技术相关的工作，其眼中看到的仅仅是疾病而非病患，诊疗方式也仅仅从医学知识及技术角度考量，并不注重病患的心理和社会属性。在教士模式中，医师就像一位父亲，病患则像子女，医师在整个诊疗过程中要从病患最大利益出发，替病患作出决策，病患自己无任何自主权，处于被动地位。[②]在同事模式中，医师和患者就如同同事一样，将消灭疾病、保持健康作为共同的目标，彼此平等，相互尊重、信任，医患关系稳定和谐。然而，是否能够找到医患双方的共同目标，进而实现医患之间的平等、尊重和信任，存在一定的困难。在契约模式中，医患双方就双方的责任与利益进行约定，在此基础上进行互动。尽管医患

---

① 参见Thomas S. Szasz & Marc H. Hollender, “A Contribution to the Philosophy of Medicine: The Basic Models of the Doctor-Patient Relationship”, 97 *A.M.A. Archives of Internal Medicine* 5, 585-592 (1956)。

② 维奇的教士模式与萨斯和荷伦德提出的主动—被动型模式非常相似。

之间并不一定有完全共同的利益，医患之间仍然能够彼此信任，彼此忠诚地履行责任与义务。医师认同患者对自己的健康等享有绝对的自由及自主权，与患者共同商量并作出诊疗方案。①契约模式能够适用于大多数医疗场景，医患关系也较稳定和谐。

日本学者樋口範雄将医患关系模式分为恩惠模式、契约模式和委任信托模式三种。在恩惠模式中，鉴于医师与病患的信息不对等，医师享有绝对权威，对患者负责，患者在整个诊疗过程中，并无自主权，且不能妨碍医师的诊治。在契约模式中，医师与患者属于对等的关系，医师以其掌握的专业知识基于医疗契约，从患者的利益出发，为患者诊疗，患者对个人的价值与生活方式负责并作决定。在委任模式中，病患委任医师且对委任的内容有自主权。医师要从病患的利益出发，病患要如实提供相关医疗信息，但是否实施，既可由病患决定，也可由医师决定。②

除此之外，美国医学社会学学者乔纳森·布朗斯坦（Jonathan J. Braunstein）将医患关系模式分为传统模式和人道模式。传统模式类似于萨斯和荷伦德提出的主动—被动型医患关系模式，人道模式是以西方人本主义哲学思潮和人本主义心理学为基础，强调以人为本，类似于萨斯和荷伦德提出的共同参与型医患关系模式。③伊齐基尔·伊曼纽尔（Ezekiel J. Emanuel）和琳达·伊曼纽尔（Linda L. Emanuel）将医患关系模式分为四种：父权式模

① 参见Robert M. Veatch, “Models for Ethical Medicine in a Revolutionary Age. What Physician-Patient Roles Foster the Most Ethical Relationship?” , 2 *The Hastings Center Report* 3, 5-7 (1972)。

② 参见樋口範雄：病患の自己決定權，岩波講座《現代の法14，自己決定権と法》，转引自黄丁全：《医事法新论》，法律出版社2013年版，第134—135页。

③ 参见周世昱：“布朗斯坦模式”，中国大百科全书，https://www.zgbk.com/ecph/words?SiteID=1&ID=47514&Type=bkzyb，最后访问时间2023年2月5日。

式（The Paternalistic Model）、信息式模式（The Informative Model）、解释式模式（The Interpretive Model）、协商式模式（The Deliberative Model）。父权式模式和信息式模式分别与维奇提出的教士模式和工程模式相似。在解释式模式中，医师会为患者阐明患者的状态、可能面临的风险等，同时，医师会根据患者本身的社会价值、患者本身的所需等协助患者确定对其最有利的治疗方案。在协商式模式中，医师好比教师，在协助患者确定对其最有利的治疗方案时，会比在解释式模式中发挥更多能动性。[①]英国医学社会学学者迈凡薇·摩根（Myfanwy Morgan）认为医患关系有四种模式，分别是：家长主义模式，互助模式，消费主义模式和默认模式。家长主义模式中医师占主导地位；互助模式中，医师与患者是参与信息共享的平等双方；消费主义模式中，患者是主动且占据主导地位的医方，医师则是满足患者需求的角色；默认模式中，医方与患方均不占据主要地位，进而会产生一种没有效率的结果。[②]

二、我国学者就医患关系模式的研究

我国学者就医患关系模式的划分与世界其他国家的划分大多类似，有学者将医患关系模式划分为父权型医患关系、指导—合作型医患关系和利益信赖模式医患关系。其中父权型医患关系和指导—合作型医患关系分别

① 参见Ezekiel J. Emanuel and Linda L. Emanuel, “Four Models of the Physician–Patient Relationship”, 267 the *Journal of the American Medical Association*, 2221–2226 (1992)。

② ［英］乔纳森·赫林著：《医事法与伦理》，石雷、曹志建译，华中科技大学出版社2022年版，第290页。

与萨斯和荷伦德提出的主动—被动型和指导—合作型相似，利益信赖模式的观点认为不能忽视医疗行为的专业性和其本身的风险性，医师的治疗决定权和患者的自主决定权之间应以患者利益最大化为原则进行协调。[①]还有学者提出了权威型、协作型和消费型的划分。其中权威型对应萨斯和荷伦德提出的主动—被动型和指导—合作型，协作型对应萨斯和荷伦德提出的共同参与型，消费型[②]是指病患的主动性大于医师，医师的医疗行为应按照病患的要求。[③]亦有学者从医疗质量和患者信任的两个角度构建了四类医患关系模式：和谐医患关系模式、改善医患关系模式、不善医患关系模式和紧张医患关系模式。在和谐医患关系模式中，医疗质量和患者信任度都较高，医患之间能够互相尊重和信任；在改善医患关系模式中，由于患者对医师信任度较高，尽管医疗质量较低，但患者往往能够对医师给予理解和谅解；在不善医患关系模式中，医疗质量虽高，但患者对医师的信任度不高，医患关系较为紧张；在紧张医患关系模式中，医疗质量较低，患者对医师的信任度亦不高，极易引发医患冲突。[④]

笔者认为，尽管理论界对医患关系的模式有多种观点，但本质上并未脱离医方与患方在医疗场域的互动。当下最为普遍的医患关系模式大多体

---

① 参见古津贤、强美英主编：《医事法学》，北京大学出版社2011年版，第81—82页。

② 我国学者提出的“消费型医患关系模式”与心理学家埃利奥特·弗赖森（Eliot Freidson）提出的患者指导型医患关系模式类似。弗赖森提出的患者指导型医患关系模式是由患者指导医师，医师在整个诊疗过程中处于被动的地位。参见古津贤、李大钦主编：《多学科视角下的医患关系研究》，天津人民出版社2009年版，第5页。

③ 参见何登极：《医疗伦理学》，转引自黄丁全著：《医事法》，中国政法大学出版社2003年版，第230页。

④ 参见王林、沈坤荣、唐晓东：《医患关系内涵及模式：基于社会交换理论的研究》，载《医学与哲学》2014年第35期。

现的是萨斯和荷伦德提出的指导—合作型医患关系模式，鉴于医方的专业性以及医方与患方的信息不对等，医方处于相对的主导地位，患方处于相对的被动地位，配合医方对其疾病的诊疗。然而，在紧急救治的情况下，由于患方所处的特殊情况，指导—合作型医患关系模式无法实现，仍是适用主动—被动型医患关系模式或者是父权式或权威式医患关系模式最为合适。萨斯和荷伦德提出的共同参与型医患关系模式可以说是最为理想的一种医患关系模式，医方与患方彼此相互尊重、信任，共同参与到诊疗活动中，在慢性疾病的诊疗过程中，最容易实现此种医患关系模式。当然，随着互联网等技术的发展，医方与患方之间的信息不对等的情况逐渐发生变化，再加上患者权利意识的不断增强，以病人为中心的消费型或者患者指导型医患关系模式很有可能成为未来的主导模式。①

① 比如，有学者指出："21世纪，医患关系需要在新的基础上建立平衡，医疗模式将以病人为中心重构，医师将由全能的担负主要责任的决策者变成信息提供者和建议者，而病人将在充分享有相关资源和信息的前提下成为聪明的病人，他们不仅拥有参与决策的权力，同时也承担相应的责任。这个过程将是一场医疗模式的革命。"参见［英］格雷著：《聪明的病人》，秦颖、唐金陵译，北京大学医学出版社2006年版。

本章小结

医患关系是人类社会最基础、最根本、最重要的社会关系之一，是医方与患方在诊疗活动过程中产生的各种关系。医患关系本身涉及多个学科，对其的理解应从综合的视角出发，“医方”与“患方”分别指以医师为主的群体和以患者为中心的群体，无论患方是否因疾病而接受医方的医疗服务，都属于“诊疗活动”的场域内。医患关系是一种动态的双向关系，不可避免地会存在医患的信息不对等，医患关系以人的需求为基础，不能脱离人文关怀而独立存在。医患关系的内容根据诊疗实施的有无划分为技术关系与非技术关系。技术关系指医方与患方因医疗技术互动而产生的关系。非技术关系是医方与患方因社会、心理、伦理、经济等因素影响而产生的关系，从医患关系的稳定与和谐角度讲，往往是非技术因素起决定性作用。国内国外就医患关系的模式有多种研究，其中萨斯和荷伦德提出的三种医患关系模式的认可度最高。当下最为普遍的医患关系模式大多体现的是萨斯和荷伦德提出的指导—合作型医患关系模式，但是，在紧急救治的情况下，体现的则是萨斯和荷伦德提出的主动—被动型医患关系模式。萨斯和荷伦德提出的共同参与型医患关系模式可以说是最为理想的一种医患关系模式，在慢性疾病的治疗中更易实现。但是，随着互联网等技术的发展，医方与患方之间的信息不对等的情况逐渐发生变化，再加上患者权利意识的不断增强，以患者为中心的消费型或者患者指导型医患关系模式很有可能成为未来的主导模式。

第二章
医患法律关系

医患法律关系从法律关系的视角出发研究医患关系，属于医患关系中非技术关系的一部分。医患法律关系被认为是医患关系的本质，未经法律确认的医患关系，仅仅明确了医患主体的概貌和基本医疗服务，无法解决医患之间发生的冲突，对医患法律关系进行深入研究可以使医患关系更为精致和实用。[①]本部分以医患法律关系为研究对象，重点探究医患法律关系的概念、分类、构成要素以及医患法律关系的性质。

① 参见徐瑞容、何思忠主编：《医患关系学》，科学出版社2018年版，第3页。

第一节　医患法律关系的概述

与一般法律关系不同，医患法律关系发生在医疗场域，具有一定的特殊性，本部分从医患法律关系的概念、分类、构成要素的角度对其展开分析。

一、医患法律关系的概念

法律关系是以法律规范为基础形成的，以法律权利与法律义务为内容的社会关系。[①]医患法律关系，又称医疗法律关系[②]、医疗服务法律关系[③]，

① 张文显主编：《法理学》，高等教育出版社、北京大学出版社2018年版，第152页。

② 有学者将医疗法律关系作广义和狭义的区分。广义的医疗法律关系即医事法律关系，指由医事法调整的、在医疗卫生管理和医药卫生预防和保健服务过程中国家机关、企事业单位、社会团体或者公民之间发生的权利与义务关系；狭义的医疗法律关系即此处医患法律关系。参见赵敏主编：《医疗法律风险预防与处理》，北京大学出版社2019年版，第54页。

③ 我国著名卫生法学学者申卫星在其主编的《卫生法学原论》一书中提出“医疗服务法”的概念，认为医疗服务法以个体健康权实现为目标，是调整维护个体健康的医疗服务活动中所产生的各种社会关系的法律规范的总称。参见申卫星主编：《卫生法学原论》，人民出版社2022年版，第225页。

是指基于双方约定或法律直接规定而在医患之间发生的，就患者疾病的诊断、治疗、护理等医疗活动所形成的法律上的权利义务关系。[①]

医患法律关系具有如下三个特征：

第一，医患法律关系以医事法律规范为基础。医事法律规范不等同于刑法、民法、行政法等部门法，可以将其看作关系网络法（law of relational webs）。保障国民健康权的法律法规、规制医患间权利义务的法律法规、医疗技术管理的法律法规、医疗损害责任的法律法规都属于医事法律规范的体系。[②]

第二，医患法律关系的主体地位平等，但能力及信息不对等。医疗行为本身具有高度的专业性，只有经过一定时间的专业培训才能取得相应的职业资格，在医患法律关系中，医方与患方在医学知识及医疗技术方面存在明显的能力和信息差别，医方占据主导地位。

第三，医患法律关系中有较高的道德要求。由于医疗活动涉及人的生命健康，在医患法律关系中有较高的道德要求，特别是对医方主体，医方要救死扶伤、治病救人，不得拒绝诊治，要从患者最佳利益出发，尊重患者等。就患方而言，亦需尊重医方，在诊疗过程中予以积极配合。

二、医患法律关系的分类

医患法律关系可以根据发生的原因、当事人权利义务及相应的法律责

---

① 参见赵敏主编：《医疗法律风险预防与处理》，北京大学出版社2019年版，第54页。

② 参见申卫星主编：《卫生法学原论》，人民出版社2022年版，第272—273页。

任的不同划分为三类：医疗服务合同关系、医疗无因管理关系、强制医疗关系。[①]其中医疗服务合同关系是最基本的医患法律关系，医疗无因管理关系和强制医疗关系是特殊情形下的医患法律关系。

（一）医疗服务合同关系

医疗服务合同关系是指医方与患方就患者疾病的诊断、治疗、护理等医疗活动形成的真实意思表示的民事法律关系。[②]该关系的成立即医疗服务合同的成立，需要由患方提出医疗的要约，医疗机构接受要约并作出承诺。[③]

医疗服务合同以医方提供医疗行为为内容，具有一定的特殊性。第一，医疗服务合同是一种手段合同，而非结果合同。医方只承诺提供符合当时医疗水平、尽到注意义务的医疗服务，不承诺实现患方期望的结果。[④]第二，医疗服务合同中当事人的意思自治受到一定的限制。由于医方所处的治病救人的特殊地位，使其负有强制诊疗的义务，其缔约合同的意思自治受到一定的限制。

（二）医疗无因管理关系

无因管理，是指没有法定或者约定的义务，为避免他人利益受损失而

① 此种分类方法是当下学界的共识。参见柳经纬、李茂年著：《医患关系法论》，中信出版社2002年版，第4—5页；古津贤、强美英主编：《医事法学》，北京大学出版社2011年版，第83—85页；王岳主编：《医事法》，人民卫生出版社2019年版，第17—19页；申卫星主编：《卫生法学原论》，人民出版社2022年版，第275—277页。

② 参见申卫星主编：《卫生法学原论》，人民出版社2022年版，第275页。

③ 参见王岳主编：《医事法》，人民卫生出版社2019年版，第18页。

④ 受医学知识、医疗技术水平的限制，以及患者的个体差异等原因，面对很多疾病，尽管患方期望疾病的治愈，但实则无法实现。

自愿管理他人事务或为他人提供服务的行为。[①]医疗无因管理关系，即在医疗场域下的无因管理，是指医方在没有法定或约定的义务的情况下，为避免患者的生命健康权益受到损害，自愿为患者提供医疗服务的行为。[②]

常见的医疗无因管理关系主要有三种：第一，医务人员在医疗机构外发现患者而加以治疗，比如在高铁、飞机等公共场所救治患者；第二，对自杀未遂且不愿就医者，予以救治；第三，无监护人在场的情况下，医疗机构直接针对无行为能力的“非急危”患者进行的诊疗行为，比如，特定的第三人将意识不清的患者送到医院，且没有负担诊疗报酬的意思；被父母遗弃在医院的婴儿。[③]鉴于医疗机构内外条件的不同，对于医方而言，与发生在医疗机构外的无因管理相比，发生在医疗机构内的无因管理的注意义务要高。当然，根据《民法典》的规定，医疗无因管理关系中，医方有权要求患方支付管理费用。[④]

（三）强制医疗关系

强制医疗关系是指国家基于医疗的特殊性和对国民生命和身体健康的维护，以在法律上赋予医疗机构或医务人员的强制诊疗和患者的强制治疗义务为主要内容的特殊医患法律关系。[⑤]在此种医患关系中，医疗机构或

---

① 参见王利明、杨立新、王轶、程啸著：《民法学》，法律出版社2020年版，第871页。

② 参见申卫星主编：《民法典与医疗卫生健康事业：规则、原理与运用》，中国政法大学出版社2022年版，第98页。

③ 参见龚赛红：《医疗损害赔偿立法研究》，法律出版社2001年版，第50页。

④ 《民法典》第九百七十九条第一款规定，管理人因管理事务受到损失的，可以请求受益人给予适当补偿。

⑤ 参见申卫星主编：《卫生法学原论》，人民出版社2022年版，第277页。

医务人员基于法律授权或行政机关的委托，强制患者接受诊疗，不以患者的同意为前提。强制医疗主要针对部分传染病患者[①]、严重精神障碍者[②]、吸毒人员[③]、卫生免疫接种人员[④]等。

三、医患法律关系的构成要素

医患法律关系与一般的法律关系一样，其构成要素包括主体、客体和内容。

（一）医患法律关系的主体

法律关系的主体，是指在法律关系中享有权利和承担义务的人。[⑤]医患法律关系的主体，是指在医患法律关系中享有权利和承担义务的人，即医方和患方。

医患法律关系中的医方主要指医疗机构及其医务人员。所谓医疗机构，是指从事疾病诊断、治疗活动的医院、卫生院、疗养院、门诊部、诊所、

① 比如《中华人民共和国传染病防治法》（以下简称为“《传染病防治法》”）第三十九条规定对甲类传染病患者、病原携带者予以隔离治疗。

② 比如《中华人民共和国精神卫生法》（以下简称为“《精神卫生法》”）第三十条规定对于已经发生伤害自身行为或已经发生危害他人安全行为的严重精神障碍患者，应当实施住院治疗。

③ 比如《戒毒条例》第二十五条第二款规定对于吸毒成瘾严重，通过社区戒毒难以戒除毒瘾的人员，可以强制隔离戒毒。

④ 比如《中华人民共和国疫苗管理法》（以下简称为“《疫苗管理法》”）第六条第一款规定国家实行免疫规划制度。

⑤ 张文显：《法理学》，高等教育出版社、北京大学出版社2018年版，第154页。

卫生所（室）以及急救站等机构。[①]所谓医务人员，当下法律法规中并没有明确的界定。一般认为，医务人员包括直接从事诊疗护理活动的卫生技术人员[②]和为诊疗护理活动提供支撑服务的医疗管理和后勤服务人员。就医疗管理和后勤服务人员是否应纳入医务人员的范畴中尚有一定争议，但是考虑到其与卫生技术人员的密切关系，且其服务质量的好坏会直接影响医疗服务的质量，应将其纳入医务人员中。[③]

医患法律关系中的患方主要是指患者及其近亲属，或者其他相关人员。所谓患者是指接受诊疗服务的人。所谓近亲属，根据《民法典》第一千零四十五条，是指患者的配偶、父母、子女、兄弟姐妹、祖父母、外祖父母、孙子女、外孙子女。其他相关人员主要常见于共同生活的孤寡老人之间或者丧偶儿媳与公婆之间等，如果因为共同生活、相互照护，彼此形成了依赖关系，尽管不属于彼此的近亲属，但在一方接受诊疗服务时，

① 2017年修正的《医疗机构管理条例实施细则》第三条列举了14类医疗机构：（一）综合医院、中医医院、中西医结合医院、民族医医院、专科医院、康复医院；（二）妇幼保健院、妇幼保健计划生育服务中心；（三）社区卫生服务中心、社区卫生服务站；（四）中心卫生院、乡（镇）卫生院、街道卫生院；（五）疗养院；（六）综合门诊部、专科门诊部、中医门诊部、中西医结合门诊部、民族医门诊部；（七）诊所、中医诊所、民族医诊所、卫生所、医务室、卫生保健所、卫生站；（八）村卫生室（所）；（九）急救中心、急救站；（十）临床检验中心；（十一）专科疾病防治院、专科疾病防治所、专科疾病防治站；（十二）护理院、护理站；（十三）医学检验实验室、病理诊断中心、医学影像诊断中心、血液透析中心、安宁疗护中心；（十四）其他诊疗机构。

② 根据《卫生技术人员职务试行条例》第三条，卫生技术职务分为医、药、护、技四类，具体包括：医疗、预防、保健人员，中药、西药人员，护理人员和其它卫生技术人员。

③ 参见申卫星主编：《医疗纠纷预防和处理条例条文释义与法律适用》，中国法制出版社2018年版，第11—13页。

另一方也属患方。[①]

（二）医患法律关系的客体

法律关系的客体，是法律关系主体发生权利义务联系的中介，是法律关系主体的权利和义务所指向、影响和作用的对象。[②]医患法律关系的客体，是医疗行为。

1. 医疗行为的含义

当下，我国并没有法律法规准确界定"医疗行为"，立法中与"医疗行为"相类似的概念有"医疗活动"[③]"诊疗活动"[④]"医师执业活动"[⑤]等。学界对"医疗行为"的界定主要包括以下三种：第一，医疗行为即诊疗护理管理服务行为，是指以诊疗疾病为目的的诊断治疗护理行为和医方对诊疗过

---

① 参见申卫星主编：《医疗纠纷预防和处理条例条文释义与法律适用》，中国法制出版社2018年版，第13页。

② 张文显：《法理学》，高等教育出版社、北京大学出版社2018年版，第157页。

③ 《医疗事故处理条例》中，将"医疗事故"界定为"医疗机构及其医务人员在医疗活动中，违反医疗卫生管理法律、行政法规、部门规章和诊疗护理规范、常规，过失造成患者人身损害的事故"。使用的是"医疗活动"一词。

④ 《医疗机构管理条例实施细则》中使用的是"诊疗活动"，并将其界定为："通过各种检查，使用药物、器械及手术等方法，对疾病作出判断和消除疾病、缓解病情、减轻痛苦、改善功能、延长生命、帮助患者恢复健康的活动。"《医疗纠纷预防和处理条例》中也采用了"诊疗活动"一词，并对其作了扩大解释："既包括诊断、治疗活动，也包括医疗美容活动；既包括积极地提供诊疗服务，也包括消极地拒绝提供诊疗服务；既包括卫生技术人员提供的诊疗服务，也包括医疗管理和医疗后勤人员提供的管理服务。"参见申卫星主编：《医疗纠纷预防和处理条例条文释义与法律适用》，中国法制出版社2018年版，第15页。

⑤ 《中华人民共和国医师法》（以下简称为"《医师法》"）中使用的是"医师执业活动"一词。

程的管理行为。[①]第二，医疗行为是医务人员对患者疾病的诊断、治疗、预后判断和疗养指导等行为，一般的检查、诊断、治疗、病历记录、术后的疗养指导以及中医的望、闻、问、切、针灸、推拿等都属于医疗行为。[②]第三，医疗行为不应仅仅涵盖有治疗目的的行为，对医疗行为的界定应采广义的理解，包括临床性医疗行为、实验性医疗行为、诊疗目的性医疗行为和非诊疗目的性医疗行为。只有广义的医疗行为定义，才能涵盖全部医疗行为。[③]笔者认为，第一种和第二种对医疗行为的定义较为传统，已经无法适应现代医学的发展。比如说医疗美容、器官捐献等，其目的并非诊疗疾病，若采用传统的医疗行为的定义，此种行为就会被排除在外。《医疗纠纷预防和处理条例》中所采用的“诊疗活动”的概念也并未以疾病的诊疗为限定条件，医疗美容活动、医疗管理和医疗后勤人员提供的管理服务也都属于诊疗活动的范围之内，因此，笔者赞同广义的医疗行为的定义。

2. 医疗行为的特点

医疗行为体现出专门性、不确定性、侵害性、适法性、道德性的特点。[④]首先，医学知识和医疗技术等具有极强的专业性，只有经过专业训练且考核合格的人员才可以实施，因此医疗行为具有专门性。其次，人与人之间存在个体差异，医学发展存在局限性，疾病本身亦存在不可预测性，同样的治疗方式可能会有完全不同的结果，使医疗行为体现出很大的

---

① 参见赵敏主编：《医疗法律风险预防与处理》，北京大学出版社2019年版，第62—63页。

② 参见古津贤、强美英主编：《医事法学》，北京大学出版社2011年版，第83页；又可参见柳经纬、李茂年著：《医患关系法论》，中信出版社2002年版，第14页。

③ 以蔡振修、吴健梁为代表的我国台湾地区学者主要主张此种广义的医疗行为的定义。参见刘鑫著：《医事法学》，中国人民大学出版社2015年版，第10—11页。

④ 参见刘鑫著：《医事法学》，中国人民大学出版社2022年版，第11—14页。

不确定性。再次，医疗行为所采取的治疗手段以及所使用的药物等本身即存在侵害性。比如为难产的产妇实施剖宫产手术、为治疗肿瘤而采用的放射性治疗等，对人体都具有相当的侵害性，因此，医疗行为具有侵害性。此外，尽管医疗行为在治疗疾病的同时亦具有侵害性，但是只要该医疗行为符合当时医疗水平，医方也尽到相应的注意义务，医疗行为并不会因其对患者造成的侵害而受法律的追究。最后，医疗行为终归在治病救人中发挥重要作用，医务人员等实施医疗行为要受道德及医学伦理的约束，因此，医疗行为具有道德性。

3. 医疗行为的分类

依据不同的划分标准，可将医疗行为分为治疗性医疗行为和非治疗性医疗行为，主要的医疗行为和辅助的医疗行为，列入医疗管理的医疗行为和不列入医疗管理的医疗行为，医疗侵害行为和后医疗侵害行为，医疗行为和替代医疗行为。

治疗性医疗行为和非治疗性医疗行为以医疗行为的目的为划分标准。治疗性医疗行为以对患者进行治疗为目的，是狭义的医疗行为，一般的疾病治疗都属于此种医疗行为。非治疗性医疗行为不以对患者的治疗为目的，包括试验性医疗行为和强制医疗行为。试验性医疗行为，又称为临床试验，是指以开发改善医疗技术及增进医学新知识为目的，而对人体进行医疗技术、药品或医疗器械实验研究的行为。强制医疗行为是以公共利益或公序良俗为出发点，以法律法规的形式强制要求患者予以配合的一类医疗行为。①

① 参见王岳主编：《医事法》，人民卫生出版社2019年版，第15—16页。

主要的医疗行为和辅助的医疗行为以医疗行为的内容为划分标准。主要的医疗行为是指医疗工作中的诊断、处方、手术、病历记载、施行麻醉、宣告临床死亡等应由医师亲自执行的医疗行为。辅助的医疗行为是指主要医疗行为以外的，在医师亲自指导下，由辅助人员实施的医疗行为。[①]

列入医疗管理的医疗行为和不列入医疗管理的医疗行为的划分标准是行为的管理。此种医疗行为的划分标准主要是考虑某种医疗行为客观上可能产生的疗效，即考虑某种医疗行为如若由经过专业训练、具备专业知识的人员实施，是否可能对接受者造成伤害。对于实证不具有疗效的行为[②]不列入医疗管理，对于较接近治疗的行为[③]则纳入医疗管理，且由经过训练且合格的专业人员实施。[④]

医疗侵害行为和后医疗侵害行为[⑤]的划分标准是医疗行为造成侵害的时间。由于医疗行为本身具有侵害性，若侵害行为发生在医疗行为实施当时，则为医疗侵害行为；若侵害行为发生在医疗行为实施时却不被人所知，而是随着医学知识水平的提高才得以发现，则为后医疗侵害行为。[⑥]

---

① 参见王岳主编:《医事法》，人民卫生出版社2019年版，第16—17页。

② 比如足底按摩等。

③ 比如刮痧、拔罐等。

④ 参见王岳主编:《医事法》，人民卫生出版社2019年版，第17页。

⑤ 由于医疗行为本身具有侵害性，当该医疗行为能够实现诊疗的目的时，尽管其有侵害性，但也可以将其看作广义上的“救命性”，然而，当这种侵害性超过诊疗所能产生的利益时，就不再符合诊疗的目的，不论其发生在医疗行为实施时还是医疗行为实施后，都被统称为“侵袭性医疗行为”。参见龚赛红:《医疗损害赔偿立法研究》，法律出版社2001年版，第14页；又可参见王岳主编:《医事法》，人民卫生出版社2019年版，第16页。

⑥ 参见古津贤、强美英主编:《医事法学》，北京大学出版社2011年版，第103页。

比如，20世纪60年代发生的“反应停”事件。[①]

医疗行为与替代医疗行为的划分主要见于西方发达国家。在西方发达国家，医疗行为仅指西医医疗行为，其他民族传统的医疗行为均为替代医疗行为，比如中国医学、印度医学、阿拉伯医学等。[②]

4. 医疗行为的具体内容

医疗行为的具体内容包括传统的医疗行为、医疗附属行为、医疗辅助行为、医疗配合行为和医疗管理行为。传统的医疗行为，即狭义的医疗行为，是医务人员在直接接触患者的过程中实施的专业性、技术性和目的性行为，主要分成医疗和护理两个部分。医疗附属行为是医务人员在实施医疗行为过程中必须同时完成的工作，包括医疗方案、医疗风险的告知与说明、健康教育、医疗文书的书写等。医疗辅助行为是非医务人员为辅助医疗目的实现而实施的行为，比如医务人员为患者开具处方药，患者到药店购买药品。医疗配合行为是指医疗机构中后勤保障服务部门完成的行为，比如挂号、收费、病历管理等。医疗管理行为是医疗机构协调、管理和规范其内部医疗活动的行为。[③]

---

① 20世纪60年代，德国一家制药公司发现一种名叫“反应停”的药物具有安眠作用，且可以控制孕妇妊娠期的精神紧张，对治疗孕妇早期的妊娠呕吐有极佳的效果，遂将其推向市场，很快便成为畅销药。然而，很快医师们发现畸形婴儿的出生率明显上升，且大多为没有上臂和前臂，形似海豹，最终确定婴儿畸形是因为孕妇服用“反应停”而导致的严重副作用，因此受害的婴儿达1.2万多名。参见《前车之鉴——重大药物不良反应事件回顾》，载《中国处方药》2002年第6期。

② 参见刘鑫著：《医事法学》，中国人民大学出版社2022年版，第16页。

③ 参见刘鑫著：《医事法学》，中国人民大学出版社2022年版，第17—18页。

（三）医患法律关系的内容

法律关系的内容是权利和义务。[①]医患法律关系的内容，是指医方与患方基于医疗服务合同的约定或法律的规定而确定的权利和义务。[②]具体包括医方的权利、医方的义务、患方的权利和患方的义务，是医患法律关系中最核心的构成要素，笔者将在第三章中展开详细论述。

① 参见张文显主编：《法理学》，高等教育出版社2018年版，第153页。

② 参见申卫星主编：《卫生法学原论》，人民出版社2022年版，第279页。

第二节　医患法律关系的性质

学界就医患法律关系的性质一直存有争议，主要包括以下四种学说：民事法律关系说、消费法律关系说、行政法律关系说和社会法律关系说。本部分针对这四种学说一一展开分析。

一、民事法律关系说

民事法律关系是由民法规范调整的社会关系，即由民法确认和保护的社会关系。民事法律关系由民法所调整，是人与人之间的权利义务关系，具有平等性和一定程度的任意性，体现出当事人之间法律地位的平等、权利义务的对等以及较高的意思自治。[①]

民事法律关系说学者认为医患法律关系是民事法律关系。首先，医患之间在法律地位上是平等的。医患之间尽管由于医学知识和医疗技术的专

① 参见王利明、杨立新、王轶、程啸著：《民法学》，法律出版社2020年版，第51—52页。

业性，导致医患之间信息不对等，但医患之间并无隶属或服从关系，也无身份贵贱之分，医方有提供医疗服务的义务，患方有获得医疗服务的权利，医方有请求患方支付医疗费用的权利，患方有支付医疗费用的义务，医方需要尊重患方，患方也需要尊重医方。其次，医患双方的意思表示是自愿的。当医疗机构在衡量自身的技术能力和设备条件后，认为不能够为患方提供服务的，有权建议患方选择技术设备更好的医疗机构。患方同样可以根据自身的情况选择医院。最后，医患之间是等价有偿的。伴随着我国的医疗改革，无论是营利性还是非营利性的公立医疗单位，其医疗收费都是成本性的，而私营或外资医院则主要是以营利为目的的，因此，我国已经在医患关系中形成了等价交换。①

民事法律关系说的发展在我国大致经历了三个阶段：第一阶段是民事法律关系的初步确立，认为医患法律关系是民事法律关系，应由民法来调整；②第二阶段是指出医患法律关系与一般民事法律关系的不同，特别是由于医方不得拒绝患者的就诊要求，导致其缔约自由受限，认为医患法律关系属于一种特殊的民事法律关系；第三阶段是认为医患法律关系同时具有契约性质与侵权性质，存在违约责任和侵权责任竞合的情况。③我国大部

① 参见古津贤、强美英主编：《医事法学》，北京大学出版社2011年版，第91—92页。

② 参见梁慧星：《给法官们的建议》，载《公民导刊》1999年第2期。

③ 参见申卫星主编：《卫生法学原论》，人民出版社2022年版，第274页。就医患法律关系的契约性质与侵权性质，有部分学者并不赞同医患法律关系同时具有两种性质。有学者指出医患法律关系不是合同关系，而是侵权责任法律关系。首先，患方向医方提出的要约往往比较模糊，医方对此作出承诺后，双方的权利和义务并不清晰；其次，医疗合同中并无平等自愿之实，比如，医方并不能因为患方未缴纳医疗费用，就以此为由拒绝提供医疗服务；最后，《合同法》（转下页）

分学者赞同医患法律关系的性质为民事法律关系的学说。[①]

二、消费法律关系说

消费法律关系说认为医患法律关系属于消费关系，应适用《中华人民共和国消费者权益保护法》（以下简称为"《消费者权益保护法》"）。持此观点的学者认为：首先，医患之间存在信息不对称，患方处于弱者，适用《消费者权益保护法》有利于保护患方；其次，患者包含于消费者概念中，患者接受的有偿的医疗服务是一种消费行为，本应受到《消费者权益保护

（接上页）允许在合法的范围内追求自身利益的最大化，但医务人员显然不能在诊疗过程中追求自身利益的最大化。有学者则认为医患法律关系是合同关系。医方与患方在诊疗活动中都是特定的当事人，自挂号等特定行为后形成债权债务关系；在司法实践中，采用《合同法》的损失赔偿精神来救济也更为客观公平。还有学者对医患法律关系的性质作了阶段性划分，在正常阶段，医患法律关系的内容基于医疗服务而形成，属于民事合同关系；但是到了纠纷阶段，除了过度诊疗、乱收费的纠纷外，医患法律关系的内容是患方直接侵犯了当事人的生命健康权，属于民事侵权关系。参见赖红梅：《医患关系是一种特殊的侵权责任法律关系》，载《中国卫生法制》2010年第3期；宋晓亭：《论医患关系是民事法律关系中的合同关系》，载《法律与医学杂志》2001年第1期；阎向阳、靳建平：《论法律视野中医患关系的性质》，载《中国医院管理》2014年第12期。

① 参见宋晓亭：《再论医患关系是民事法律关系中的合同关系》，载《法律与医学杂志》2001年第3期；柳经纬、李茂年著：《医患关系法论》，中信出版社2002年版，第6页；李志强：《对医患关系是民事法律关系的探讨》，载《中国社会医学杂志》2010年第1期；赖红梅：《医患关系是一种特殊的侵权责任法律关系》，载《中国卫生法制》2010年第3期；阎向阳、靳建平：《论法律视野中医患关系的性质》，载《中国医院管理》2014年第12期；申卫星：《医患关系的重塑与我国〈医疗法〉的制定》，载《法学》2015年第12期；杨曙光：《医患关系的法律属性与伦理属性探索》，载《黑河学院学报》2020年第12期。

法》的保护；[①]再次，医疗机构属于广义上的经营者，其收费行为应当认定为经营行为；[②]最后，将患者视为消费者，既有利于保护患者的利益，也不会妨碍医疗机构的管理，还有利于提高医疗质量。[③]实践中，也有一些省份的地方性立法[④]将医疗服务纳入《消费者权益保护法》调整的范围。比如，广东[⑤]、浙江[⑥]等省份。

---

① 有学者对《消费者权益保护法》第二条中的“生活消费”进行解释，认为“生活消费”包括消费者为了满足自身生存和开展方面的生理和心理需要而消耗商品式服务的各种行为。自然人在患病时求医问药，并为此支付对价，当然属于生活消费。第二条中的“商品”和“服务”则包括药品和医疗服务。参见徐鹏：《“消法”有用武之地——在医患法律关系中的适用》，载《甘肃农业》2006年第11期。

② 医疗机构为患者提供药品或医疗服务，符合《消费者权益保护法》规定的“经营者”。经营行为是指以营利为目的，固定地、反复地、连续地开展的营业性行为。患者在医疗机构购买药品、接受医疗服务要支付相应金额给医疗机构，医疗机构的这种收费行为即经营行为。

③ 参见黄军辉：《医患关系的法律规制》，载《法律与医学杂志》2002年第1期；徐鹏：《“消法”有用武之地——在医患法律关系中的适用》，载《甘肃农业》2006年第11期；丁春艳：《医患关系与消费者—经营者关系：揭开争论的面纱》，载《法律与医学杂志》2007年第3期；强美英：《关于医疗服务选择适用〈消费者权益保护法〉的思考》，载《法律适用》2010年第5期；陈灿平，肖秋平：《新修〈消费者权益保护法〉可否调整医患关系之研究》，载《湖南大学学报（社会科学版）》2014年第3期。

④ 消费法律关系说的立法体现主要见于地方性立法，卫生部（现已撤销）有关负责人曾明确指出《消费者权益保护法》不适用于医疗纠纷。理由主要是公立医疗机构不具有营利性，医疗行为本身有较高的风险性，医疗机构承担医疗风险的能力有限，医患关系是一种特殊的民事法律关系。参见“卫生部认为《消法》不适用于医疗纠纷处理”，转引自赵西巨著：《医事法研究》，法律出版社2008年版，第125页。

⑤ 1999年8月5日，广东省人大常委会通过《广东省实施〈中华人民共和国消费者权益保护法〉办法》，其中第十六条明确要求从事医疗美容的经营者应当确保消费者的身体健康和生命安全。参见赵西巨著：《医事法研究》，法律出版社2008年版，第124页。

⑥ 2000年10月29日，浙江省人大常委会修订《浙江省实施〈中华人民共和国消费者权益保护法〉办法》，其中第二十五条、第二十六条明确把医患关系纳入消费者保护法的调整范围。参见赵西巨著：《医事法研究》，法律出版社2008年版，第124页。

三、行政法律关系说

行政法律关系说认为医患法律关系是行政法律关系。[①]持行政法律关系说的学者认为医患之间主体并不平等，医师处于主导地位；医患之间缺乏意思自治，医师无法选择患者，患者选择医师的权利也是受限的，并不完全自由；医疗收费由于有国家的投入，带有福利性，医患之间并不是完全等价有偿的，因此，医患法律关系不是民事法律关系。将医患关系认定为民事法律关系存在一定的危害：（1）会给治病救人、器官捐献等行为染上一层商品交易的色彩，不利于医德医风的建设和医学所需人体器官捐献活动的开展；（2）会背离公正原则，不利于保障人的基本健康权利；（3）不利于维护医方与患者的合法权益。

行政法律关系说学者认为国家主体医疗卫生事业中的各级各类医疗业务单位不应以营利为目的，而应以保护人民健康为己任，满足人民基本的医疗卫生需求，全心全意为人民服务，实行救死扶伤的人道主义，因此，实际上等同于政府部门延伸、派出的基层专业行政职能部

---

① 此学说的主要代表学者有胡晓翔。参见胡晓翔、邵祥枫：《论国家主体医疗卫生事业中医患关系的法律属性》，载《中国医院管理》1996年第4期；胡晓翔：《三论国家主体医疗卫生事业中医患关系的法律属性——析医患关系为行政合同关系》，载《中国卫生事业管理》1997年第2期；胡晓翔：《对“医患关系为普通民事法律关系”传统观点危害性的分析》，载《山东医科大学学报（社会科学版）》1998年第3期；胡晓翔：《再论国家主体医疗卫生事业中的医患关系的法律属性——兼驳两个错误观点》，载《山东医科大学学报（社会科学版）》1999年第1期；胡晓翔：《医患关系的法律属性问题浅释》，载《健康管理》2014年第12期；胡晓翔：《卫生法学专著里“医患关系的法律属性”问题的衍变》，载《中国卫生法制》2019年第4期；胡晓翔：《法律视角下的医患关系》，载《法人》2022年第12期；胡晓翔：《再论医患关系的法律属性问题》，载《南京医科大学学报（社会科学版）》2023年第1期。

门。《中华人民共和国基本医疗卫生与健康促进法》（以下简称为“《基本医疗卫生与健康促进法》”）明确要求医疗卫生服务体系坚持以非营利性医疗卫生机构为主体、营利性医疗卫生机构为补充，①进一步说明公益福利性是国家主体医疗卫生事业的根本属性。医患关系的确立不需要双方的自愿，医方并无选择患者的自由，在急诊情况中更是如此。医患关系中医方明显处于主导地位，患方仅仅是配合治疗。而《基本医疗卫生与健康促进法》对健康权的规定更是明确了医患关系的行政法律关系属性。②对比行政法律关系的特征③，医患关系的特征与行政法律关系的特征完全吻合，因此，行政法律关系说学者认为医患关系是行政法律关系。④

---

① 参见《基本医疗卫生与健康促进法》第三十九条。

② 有学者指出，《基本医疗卫生与健康促进法》对健康权的规定不同于民事法律中对人权保护的规则，其强化了政府对医疗卫生的投入和保障，由此需要重新考虑医患关系的民商事法律定位。参见胡晓翔：《再论医患关系的法律属性问题》，载《南京医科大学学报（社会科学版）》2023年第1期。

③ 行政法律关系的特征如下：（1）行政法律关系的一方总是国家行政机关或由法律、法规授权的其他行政法律关系主体；（2）行政机关处于主导地位，与其他主体之间通常是处于领导和被领导、命令和服从的不平等地位；（3）行政法律关系的产生只需要行政法律关系主体一方的意思表示就可成立；（4）行政纠纷的解决都要通过法定程序。参见陈天池、张世信主编：《中国行政法辞典》，转引自胡晓翔编著：《冷眼观潮——卫生法学争鸣问题探究》，东南大学出版社2001年版，第62页。

④ 有学者指出医患法律关系的特征与行政法律关系的特征几乎完全吻合，与其说医患法律关系是一种特殊的民事法律关系，倒不如说是一种特殊的行政法律关系。参见张赞宁：《论医患关系的法律属性》，载《医学与哲学》2001年第4期。

四、社会法律关系说

社会法律关系说认为医患法律关系的性质既不是民事法律关系，也不是行政法律关系，而是一种独立的法律关系，即社会法律关系。社会法律关系说学者赞同行政法律关系说学者医患法律关系非民事法律关系的观点，首先，医患之间主体不平等，医方是医疗信息和专业知识的垄断者，患方则是普通大众；其次，医患之间缺乏自愿的特征，医师不得拒绝救助，特殊情况下还需服从医疗调遣等；最后，医患之间不是完全等价有偿，即使患方不缴纳医疗费用，医方也不能以此为由拒绝救治。但是，持社会法律关系说的学者也不赞同行政法律关系说，首先，医院不是行政机关，医务人员也不是行政人员或公务员；其次，行政关系说无法立体地反映医患关系的多层次性，无法解释医疗活动中的自主选择权、知情同意权等权利，会产生剥夺医疗活动中患方基本人权的后果，因此，医患法律关系也不是行政法律关系。①

医患关系是社会问题，其主体患方和医方也均体现出社会性，医疗卫生事业又体现出公益性，因此，只有以保护社会利益为法益目标的社会法才符合其本质属性。②除此之外，由于医患法律关系由医事法调整，医事

---

① 参见张赞宁：《论医患关系的法律属性》，载《医学与哲学》2001年第4期；时颖：《医患关系社会法属性分析及法律适用》，载《新疆大学学报（哲学·人文社会科学版）》2011年第2期。

② 参见时颖：《医患关系社会法属性分析及法律适用》，载《新疆大学学报（哲学·人文社会科学版）》2011年第2期。

法本身就是一个独立的法律体系，[①]因此，社会法律关系说学者认为医患法律关系是一种社会法律关系。

除以上四种学说外，亦有学者认为医患法律关系是一种综合性法律关系，既是民事法律关系，也是行政法律关系。[②]笔者赞同当下学界多数学者的观点，认为医患法律关系的性质是特殊的民事法律关系。首先，医患法律关系并非消费法律关系。患者因病接受医疗服务与日常生活消费并不相同，医疗机构的宗旨并非营利，而是救死扶伤、防病治病、为公民的健康服务，[③]患者不是消费者，医疗机构亦不是经营者。医疗行为本身具有专门性、不确定性、侵害性、适法性、道德性的特点，不能与消费行为相等同。医患法律关系中同时包括医疗服务合同关系、医疗无因管理关系和强制医疗关系，医疗无因管理关系和强制医疗关系明显不属于《消费者权益保护法》的调整范围。《消费者权益保护法》中给予消费者的特殊救济手段并不适用于患者，比如，惩罚性赔偿制度。尽管医患之间的信息不对等，使患方在医患关系中处于相对弱势的地位，但并不等于就可以直接套

---

① 早在1988年王镭等人就提出了卫生法是一个独立的法律体系的观点，该观点得到了刘平、刘培友等学者的支持。但是，最早明确将卫生法并列于民法与行政法的，是张赞宁，其在1999年6月在北京召开的中国卫生法制建设理论研讨会上提出该观点。参见王镭主编：《中国卫生法学》，中国人民大学出版社1988年版，第9页；刘平、刘培友主编：《医学法学》，广西人民出版社1992年版，第14页；张赞宁：《论医患关系的法律属性》，载《医学与哲学》2001年第4期。

② 持此观点的学者有李春明、马辉等。李春明认为在医疗机构和患者之间是民事法律关系，在卫生行政部门和患者之间则是行政法律关系。马辉认为尽管医患法律关系主要是民事法律关系，但是伴随着基本医疗回归公益性，基层和全科医疗提供的大部分服务都已被定性为公共品，此时的医患法律关系属于行政法律关系。参见李春明：《医患关系：一种综合性法律关系》，载《中国卫生法制》1999年第3期；马辉：《再论医患关系的性质与类型》，载《中国医院管理》2014年第1期。

③ 参见《医疗机构管理条例》第三条。

用《消费者权益保护法》。[①]其次，医患法律关系并非行政法律关系。医疗机构不是行政机关，医疗机构既不依赖行政权力，也没有实施行政管理；医疗行为不属于行政行为；大多数情况下，患者均为主动自愿就医；即便是医方承担了一些相应的国家职能，也只是类似于国家以政策补贴的形式购买了医疗服务。[②]最后，医患法律关系并非社会法律关系。尽管医患法律关系由医事法调整，而医事法本身又是一个独立的法律体系，但是将医患法律关系定性为社会法律关系并不能够很好地解决医患之间权利义务的分配，以及医患纠纷的解决等问题。医患法律关系满足契约的主体、标的、实质以及形式要件，体现出契约性。[③]《医疗事故处理条例》亦将医疗纠纷案件的诉讼模式由行政诉讼调整为民事诉讼模式，医患法律关系无疑是一种民事法律关系。[④]当然，考虑到医方缔约自由的限制以及强制医疗等因素，医患法律关系应被认定为一种特殊的民事法律关系。

---

① 参见柳经纬：《保护患者权益不宜搭消费者权益保护法的便车——兼谈保护患者权益的立法问题》，载《福建政法管理干部学院学报》2005年第1期。

② 参见阎向阳、靳建平：《论法律视野中医患关系的性质》，载《中国医院管理》2014年第12期。

③ 参见曾日红：《医患关系的契约性》，载《南京医科大学学报（社会科学版）》2019年第12期。

④ 参见《医疗事故处理条例》第四十六条、第四十七条。

本章小结

医患关系的本质是医患法律关系，是指基于双方约定或法律直接规定而在医患之间发生的，就患者疾病的诊断、治疗、护理等医疗活动所形成的法律上的权利义务关系。医患法律关系以医事法律规范为基础，其主体地位平等，但能力及信息不对等，并且有较高的道德要求。医患法律关系可以根据发生的原因、当事人权利义务及相应的法律责任的不同划分为三类：医疗服务合同关系、医疗无因管理关系、强制医疗关系。医疗服务合同关系是最常见的，也是最基本的医患法律关系，医疗无因管理关系和强制医疗关系都是特殊情形下的医患法律关系。

医患法律关系的构成要素包括主体、客体和内容。医患法律关系的主体是指在医患法律关系中享有权利和承担义务的人，即医方和患方，具体包括医疗机构及其医务人员和患者及其近亲属或其他相关人员。医患法律关系的客体是医疗行为。我国当下并没有对医疗行为的准确界定，学界对其的界定也未形成通说，笔者认为对医疗行为的界定应采用广义的理解，包括临床性医疗行为、实验性医疗行为、诊疗目的性医疗行为和非诊疗目的性医疗行为。医疗行为具有专门性、不确定性、侵害性、适法性、道德性的特点。依据不同的划分标准，可将医疗行为分为治疗性医疗行为和非治疗性医疗行为，主要的医疗行为和辅助的医疗行为，列入医疗管理的医疗行为和不列入医疗管理的医疗行为，医疗侵害行为和后医疗侵害行为，医疗行为和替代医疗行为。医疗行为的具体内容除了以医疗和护理为主的狭义的医疗行为外，还包括医疗附属行为、医疗辅助行为、医疗配合行为和医疗管理行为。医患法律关系的内容，是指医方与患方基于医疗服务合同的约定或法律的规定而确定的权利和义务。具体包括医方的权利、医方的义务、患方的权利和患方的义务，是医患法律关系中最核心的构成要素。

明确医患法律关系的性质是研究医疗纠纷的预防与解决的基本前提，学界就其一直存有争议，主要包括以下四种学说：民事法律关系说、消费法律关系说、行政法律关系说和社会法律关系说，其中，民事法律关系说受到多数学者赞同。笔者赞同医患法律关系的性质为特殊的民事法律关系，首先，医患之间尽管信息和能力不对等，但在法律地位上是平等的；其次，尽管在无因管理医疗关系和强制医疗关系等特殊情况下，医方和患方的自主性受限，但并不等于医患双方没有自愿的意思表示；最后，患方在获得医方提供的医疗服务的同时，需要履行缴纳相应费用的义务，医方与患方之间是等价有偿的。

第三章

医患双方的权利与义务

医患法律关系的内容包括医方的权利、医方的义务、患方的权利和患方的义务，是医患法律关系中最核心的构成要素。考虑到医患关系中医方与患方在医学知识及医学技术上的差别，医方往往处于强势主导地位，患方则处于弱势被动地位。我国现行民事立法中同时强调民事主体抽象的人格平等，又注重弱势意义上的平等，[①]医患关系中的权利义务呈现出医方的义务性和患方的权利性特征，即更注重对医方履行义务的要求和对患者享有权利的保护。[②]

---

① 参见申卫星主编：《卫生法学原论》，人民出版社2022年版，第267页。

② 参见王岳主编：《医事法》，人民卫生出版社2019年版，第34—35页。有学者梳理了《医疗纠纷预防和处理条例》中有关法律义务的规定，发现医方的法律义务要明显重于患方。参见程雪莲、陈俊宏：《〈医疗纠纷预防和处理条例〉的法律义务解析》，载《医学与法学》2021年第4期。

第一节　医方的权利与义务

医患法律关系中的医方主要指医疗机构及其医务人员，医务人员又包括执业医师以及其他从事诊疗护理活动的卫生技术人员和为诊疗护理活动提供支撑服务的医疗管理和后勤服务人员，我国当下就医师以外的其他医务人员的权利义务的规定并不完善，大体与医疗机构和医师的权利义务相同，[①]本部分着重就医疗机构、执业医师的权利与义务展开论述。需要注意的是，医方的权利义务并非只针对患方的权利义务，也可能针对包括国家、社会、卫生行政部门在内的其他主体的权利义务。

① 以护士为例，2020年修订的《护士条例》中护士有执业权利、人身权利（第三条）、获取报酬和福利待遇的权利（第十二条）、条件保障权利（第十三条）、参加学术研究及培训的权利（第十四条）、获得相关信息的权利（第十五条）、提出意见和建议的权利（第十五条），同时，护士应履行的义务包括：依法遵规执业的义务（第十六条）、紧急救护的义务（第十七条第一款），医嘱监督的义务（第十七条第二款），尊重患者、保护患者隐私和个人信息的义务（第十八条），服从调遣的义务（第十九条），基本与执业医师的权利义务相同。

一、医疗机构的权利与义务

我国的医务人员大多以“单位人”的身份在医疗机构中执业，医疗机构是执业医疗的基础。①我国的医疗机构大致可分为医院、基层医疗机构和专门公共卫生机构。②依照其社会服务性质，又可分为公立医疗机构和非公立医疗机构。③医疗机构在提供医疗服务的同时享有一定权利并需承担相应的义务。

（一）医疗机构的权利

不论医疗机构的社会服务性质是公立还是非公立，也不考虑医疗机构的层级，医疗机构作为医方享有以下三种权利：从事医疗活动的权利，获取医疗费用的权利，管理医务人员的权利。

1.从事医疗活动的权利

医疗机构是我国现有医疗体制中最基本的医疗服务提供者，医务人员集中在医疗机构中开展医疗活动，进而实现医疗机构“救死扶伤，防病治

---

① 我国的医师执业模式与西方国家不同，以美国为例，美国90%的医师是自由执业或多点执业，我国的医师则主要在医疗机构中执业。参见王东博、韩德民等：《国内外医师执业模式比较研究》，载《中国医院管理》2017年第10期。

② 此分类主要是依照《医疗机构管理条例实施细则》第三条，根据医疗机构所担负的功能、业务范围、规模、服务内容等标准进行的划分。参见申卫星主编：《卫生法学原论》，人民出版社2022年版，第304页。

③ 公立医疗机构是指由各级政府设立的医疗机构，非公立医疗机构是指民营或社会力量设立的医疗机构。当下，在服务能力和服务数量上，我国公立医疗机构体现出压倒性优势，在整个医疗卫生体系中处于基础地位。参见申卫星主编：《卫生法学原论》，人民出版社2022年版，第304页。

病，为公民的健康服务”的宗旨。因此，从事医疗活动的权利是医疗机构的基本权利。

2.获取医疗费用的权利

改革开放以后，我国开始对医疗体制进行市场化改革，实施“医疗市场化”的医疗政策，由此，医疗机构在提供医疗服务的同时，就享有获取医疗费用的权利，2022年修订的《医疗机构管理条例》中也明确医疗机构可以收取医疗费用。①在医疗服务合同关系和医疗无因管理关系中，医疗机构有权要求患方支付相应的医疗费用，在强制医疗关系中，由国家支付相关医疗费用。值得注意的是，尽管医疗机构享有获取医疗费用的权利，但是，患方未缴纳医疗费用并不代表医疗机构因此而获得拒诊权，特别是在患者病情危重的情况下，医疗机构负有紧急救治的义务。

3.管理医务人员的权利

我国医疗机构将各类医务人员集中在一起，由医务人员开展具体的医疗活动，医疗机构收取医疗费用，对患者承担相应的法律责任，给医务人员发放工资等薪金。医疗机构并非仅仅是各类医务人员进行医疗活动的平台，而是一个综合的对外提供医疗服务的机构。②医疗机构与医务人员是管理与被管理、雇佣与被雇佣的关系，医疗机构对在其机构执业的医务人员有管理的权利。③

---

① 参见《医疗机构管理条例》第三十六条。

② 参见赵敏主编：《医疗法律风险预防与处理》，北京大学出版社2019年版，第75页。

③ 参见刘鑫著：《医事法学》，中国人民大学出版社2022年版，第45—48页。

（二）医疗机构的义务

医疗机构在享有一定权利的同时，也需要履行相应的义务。根据《医疗机构管理条例》的规定，医疗机构的义务包括：第一，医疗机构要以“救死扶伤，防病治病，为公民的健康服务”为宗旨；①第二，执业前应履行登记备案的义务；②第三，遵守相关法律法规及技术规范的义务；③第四，按照登记备案的诊疗科目开展诊疗活动的义务；④第五，使用卫生技术人员从事医疗卫生技术工作的义务；⑤第六，加强医务人员的医德教育的义务；⑥第七，对危重病人的立即抢救和及时转诊义务；⑦第八，加强药品管理的义务；⑧第九，承担预防保健，支援、指导基层医疗卫生工作的义务；⑨第十，在发生重大灾害等意外情况时，服从卫生行政部门调遣的义务。⑩除此之外，医疗机构属特殊的营业性公共场所，医疗机构对患方就诊及住院期间的人身和财产负有安全保障义务。⑪

① 《医疗机构管理条例》第三条。

② 《医疗机构管理条例》第十四条、第二十三条。

③ 《医疗机构管理条例》第二十四条。

④ 《医疗机构管理条例》第二十六条。

⑤ 《医疗机构管理条例》第二十七条。

⑥ 《医疗机构管理条例》第二十八条。

⑦ 《医疗机构管理条例》第三十条。

⑧ 《医疗机构管理条例》第三十五条。

⑨ 《医疗机构管理条例》第三十七条。

⑩ 《医疗机构管理条例》第三十八条。

⑪ 《民法典》第一千一百九十八条第一款规定公共场所的经营者未尽到安全保障义务的，需要承担侵权责任。医疗机构的就诊、住院区域属于公共场所，医疗机构应承担相应的安全保障义务。参见赵敏主编：《医疗法律风险预防与处理》，北京大学出版社2019年版，第75页。

二、执业医师的权利与义务

医疗机构提供医疗服务离不开执业医师和其他医务人员，根据《医师法》的规定，医师是指依法取得医师资格，经注册在医疗卫生机构中执业的专业医务人员，包括执业医师和执业助理医师。①医师在执业的过程中享有执业的权利并需履行相应的义务。

（一）执业医师的权利

我国《医师法》采取列举的方式就医师在执业活动中享有的权利作了明确的规定，包括如下五项：执业权、获取报酬和福利待遇的权利、条件保障权、从事学术研究及参加培训权、意见和建议权。②除此之外，医师同其他自然人一样享有人身权利。③

1.执业权

医师的执业权，是指医师在医疗活动中享有的疾病调查权，诊断权，处方权，处置权，选择合理的医疗、预防、保健方案的权利，就治疗、处

① 参见《医师法》第二条。

② 《医师法》第二十二条规定，医师在执业活动中享有下列权利：（一）在注册的执业范围内，按照有关规范进行医学诊查、疾病调查、医学处置、出具相应的医学证明文件，选择合理的医疗、预防、保健方案；（二）获取劳动报酬，享受国家规定的福利待遇，按照规定参加社会保险并享受相应待遇；（三）获得符合国家规定标准的执业基本条件和职业防护装备；（四）从事医学教育、研究、学术交流；（五）参加专业培训，接受继续医学教育；（六）对所在医疗卫生机构和卫生健康主管部门的工作提出意见和建议，依法参与所在机构的民主管理；（七）法律、法规规定的其他权利。

③ 《医师法》第三条第二款规定，医师依法执业，受法律保护。医师的人格尊严、人身安全不受侵犯。

置方案作出医学上的判断和合理建议的权利。[①]

医师执业权是执业医师的基本权利，[②]与患者权利直接相关。首先，医师在行使执业权时，必须依法依规，不得超出执业注册的范围。其次，医师行使执业权享有自主权，任何人不得指使、干扰、妨碍医师的自由裁量和专业判断。[③]最后，医师行使执业权，在诊断治疗领域占据主导，但在信息告知领域，要遵循患者知情同意原则，向患者提供全面的、有助于患者作出决定的信息。[④]

2.获取报酬和福利待遇的权利

医师作为劳动者，为患者提供医疗服务并履行医疗机构安排的其他工作，付出相应的劳动，自然有权获得相应的报酬并享受国家规定的各类福利待遇。

3.条件保障权

俗话说“巧妇难为无米之炊”，医师在执业活动中，需要有从事医疗活动所需的相关设备等做保障，才能更好地为患者提供医疗服务。

4.从事学术研究及参加培训权

医学一直与人类同在，并随着人类社会的不断发展而进步，医师需要主动参与到相关的学术研究中，并持续不断地学习，以实现医师防病治病、保护人民健康的神圣职责。

---

① 参见王岳主编:《医事法》，人民卫生出版社2019年版，第41页；赵敏主编:《医疗法律风险预防与处理》，北京大学出版社2019年版，第66—67页。

② 申卫星主编:《卫生法学原论》，人民出版社2022年版，第310页。

③ 参见王岳主编:《医事法》，人民卫生出版社2019年版，第41页；赵敏主编:《医疗法律风险预防与处理》，北京大学出版社2019年版，第66—67页。

④ 参见王岳主编:《医事法》，人民卫生出版社2019年版，第41—42页。

5.意见和建议权

医师作为医疗服务的直接提供者，处在医疗卫生服务的最前线，对各类医疗卫生服务工作有最直接的体会，应赋予其向所在医疗机构和卫生健康主管部门提出意见和建议的权利。

6.人身权利

根据《民法典》的规定，自然人享有生命权、身体权、健康权、姓名权、肖像权、名誉权、荣誉权、隐私权等权利，人身自由、人格尊严受法律保护。[①]医师亦是自然人，也享有相应的人身权利。紧张的医患关系、频繁的医疗纠纷，使得医师成为高危职业，[②]医师的人身权利受到侵害，必然会影响医疗卫生健康事业，应积极有效地保障医师的人身权利。[③]

（二）执业医师的义务

执业医师在享有权利的同时需要履行相应的义务。我国《医师法》[④]《民法

① 参见《民法典》第一百零九条、第一百一十条。

② 2016—2020年，国内有139起伤医事件被公开报道，受害医护人员达180位。总体来看，伤医事件数量是呈上升趋势，即便是在新型冠状病毒感染肆虐期间，伤医事件的数量也并未有明显的下降，2020年反而是伤医事件数量最多的一年。参见胡诚、廖朗星：《白衣天使坠入至暗时刻：139起伤医事件中的医与患》，https://new.qq.com/rain/a/20210120A0EQ3300，最后访问时间2023年2月22日。

③ 《民法典》第一千二百二十八条第二款规定："干扰医疗秩序，妨碍医务人员工作、生活、侵害医务人员合法权益的，应当依法承担法律责任"。

④ 《医师法》在第二十三条明确列举了医师在执业活动中需要履行的义务，包括：（一）树立敬业精神，恪守职业道德，履行医师职责，尽职尽责救治患者，执行疫情防控等公共卫生措施；（二）遵循临床诊疗指南，遵守临床技术操作规范和医学伦理规范等；（三）尊重、关心、爱护患者，依法保护患者隐私和个人信息；（四）努力钻研业务，更新知识，提高医学专业技术能力和水平，提升医疗卫生服务质量；（五）宣传推广与岗位相适应的健康科普知识，对患者及公众进行健康教育和健康指导；（六）法律、法规规定的其他义务。同时，在其他执业规则的规定中也融入了医师义务的相关规定。

典》[1]等法规中均有就执业医师义务的相关规定，概而言之，执业医师的义务主要包括：尊重患者、敬业尽职义务，依法遵规实施诊疗活动的义务，诊疗义务，告知义务，保护患者隐私和个人信息的义务，医疗记录制作与保管义务，提升业务水平的义务，健康教育的义务，服从调遣的义务和报告义务。

1.尊重患者、敬业尽职义务

尊重患者、敬业尽职的义务[2]源自医师的职业伦理，“医乃仁术”，作为医师，要尊重生命、尊重患者、认真负责、不畏劳苦、清廉正直，这是东西方医学的共识。[3]医师的所有诊疗活动都应以此为基础。

2.依法遵规实施诊疗活动的义务

医师在实施诊疗活动的过程中，要依照相应的法律、法规并遵循相应的诊疗规范。[4]法律、法规是指与具体诊疗活动有关的法律、法规，是国家对医疗行为的管理、指引和规范。[5]诊疗规范是指诊疗活动的技术标准和操作规范，以及国家对医疗行为的管理规范。[6]比如，医师开展相关临

---

① 《民法典》从医疗服务合同和医疗侵权责任的角度对执业医师的义务进行了规定。

② 参见《医师法》第二十三条第一项、第三项。

③ 比如，世界医学会（World Medical Association，WMA）《日内瓦宣言》（Declaration of Geneva）中写道：“我将首先考虑患者的健康和福祉；我将尊重患者的自主权和尊严；我将保持对人类生命的最大尊重……我将用良知和尊严，按照良好的医疗规范来践行我的职业。”参见WMA Declaration of Geneva, 2017 amended，World Medical Association，October 2017, stated The health and well-being of my patient will be my first consideration; I will respect the autonomy and dignity of my patient; I will maintain the utmost respect for human life…… I will practice my profession with conscience and dignity and in accordance with good medical practice。《中国医师宣言》中医师承诺敬佑生命，救死扶伤，平等仁爱，尊师重道；诚实守信，恪守医德，精益求精，慎思笃行。

④ 参见《医师法》第二十三条第二项。《民法典》第一千二百二十二条、第一千二百二十四条。

⑤ 申卫星主编：《卫生法学原论》，人民出版社2022年版，第313页。

⑥ 申卫星主编：《卫生法学原论》，人民出版社2022年版，第314页。

床研究应当符合国家有关规定。[①]要使用经依法批准或备案的药品、医疗器械等，[②]用药要遵循药品临床应用指导原则、临床诊疗指南等。[③]医师若存在违反法律、法规或诊疗规范的情形，会被直接推定为有过错，要承担赔偿责任。

3.诊疗义务

医师有根据患者病情，运用医学知识和技能，为患者提供诊疗的义务。考虑到病情表现的不同以及疾病发展的不确定性等因素，医师的诊疗义务，具有范围不确定的特点，具体的诊疗范围和对象会随着一步步的诊疗而发生变化。[④]同时，疾病的不确定性、医疗技术的有限性以及人体的特殊性导致医师的诊疗服务只能承诺手段，而无法承诺过程。

医师履行诊疗义务要遵循一定的原则，包括诚信原则、适当原则、亲自诊查原则。

第一，诚信原则。诚信原则是《民法典》的基本原则之一，民事主体从事民事活动都要遵循诚信原则。医师履行诊疗义务，也要遵循诚信原则，要以“爱人如己之心”对待患者，不得牟取不正当利益，不得对患者实施不必要的诊疗，[⑤]遇到需要紧急救治的患者，不得拒绝急救处置。[⑥]

第二，适当原则。医师履行诊疗义务必须有利于患者生命健康，是适

① 参见《医师法》第二十六条。

② 参见《医师法》第二十八条。

③ 参见《医师法》第二十九条。

④ 参见申卫星主编:《卫生法学原论》，人民出版社2022年版，第322页。

⑤ 参见《医师法》第三十一条。

⑥ 参见《医师法》第二十七条第一款。

当且安全的。[①]在诊疗活动中，要尽到与当时的医疗水平相应的诊疗义务；[②]在抢救生命垂危的患者等紧急情况下要尽到合理诊疗义务。[③]

第三，亲自诊查原则。医疗行为具有强烈的个体差异性，医师必须亲自诊查、调查，[④]才能充分了解患者、了解疾病的成因、了解患者的症状，进而保证医疗质量。

4.告知义务

告知义务又称“说明义务”，患者自主权的实现以医师告知义务的履行为前提。一般情况下，医师要向患者说明病情和医疗措施；在需要手术等特殊诊疗的情况下，医师要向患者具体说明医疗风险、替代医疗方案等情况，并取得其明确同意；当遇到不能或不宜向患者说明的情况，[⑤]医师要向患者的近亲属说明，并取得其明确同意。[⑥]当然，对于需要紧急救治的患者，且患者处于意识不清或无能力的状态，又无法取得患者近亲属意见时，医师可以不履行告知义务而先行采取救治措施。[⑦]

5.保护患者隐私和个人信息的义务

保护患者的隐私和个人信息的义务也源自医师的职业伦理，其最早见于《希波克拉底誓言》：“凡我所见所闻，无论有无业务关系，我认为应守

---

① 参见赵敏主编：《医疗法律风险预防与处理》，北京大学出版社2019年版，第68页。

② 参见《民法典》第一千二百二十一条。

③ 参见《民法典》第一千二百二十四条第一款第二项。

④ 参见《医师法》第二十四条第一款。

⑤ 此种情况大多基于医师的“医疗特权”，即当医师有足够医学上的理由认为告知患者相关的信息会造成对他的重大伤害甚至可能危及其生命时，医师可以不告知患者相关的信息而采取医学上妥当的医疗。参见王岳主编：《医事法》，人民卫生出版社2019年版，第44—45页。

⑥ 参见《民法典》第一千二百一十九条第一款；《医师法》第二十五条。

⑦ 参见《民法典》第一千二百二十条；《医师法》第二十七条。

秘密者，我愿保守秘密。”①世界医学会《日内瓦宣言》中亦写道：“即便是在患者死后，我也将尊重所寄托给我的秘密。”②

医师在诊疗活动中，基于诊疗的需要会知悉患者的个人信息以及隐私，医师必须保护患者隐私和个人信息。③医师履行保护患者隐私和个人信息的义务，对于医患之间信任的建立，以及患者在诊疗过程中的积极配合有重要影响。

6. 医疗记录制作与保管义务

医疗记录的制作与保管主要是指医疗文书的制作与保管。医疗文书，是指医师在对患者提供诊疗服务时，依照相关法律、法规、诊疗规范，记载并制作的所有反映人体生理、病理状况的各类形式的文件的总称，具体包括医疗民事文书、医疗证明文件或医学意见书和病历资料。医疗文书是医疗行为的重要依据，一旦产生医疗纠纷或医疗事故，医疗文书则是重要的证据。④因此，医师在执业活动中要亲自按照规定及时填写并妥善保管病历等医学文书，不得隐匿、伪造、篡改或者擅自销毁病历等医学文书及有关资料。⑤

7. 提升业务水平的义务

医学作为一门不断发展进步的学科，为更好地服务患者、社会及国家，从事学术研究、获得继续教育、提升专业技能不仅是医师的权利，同

① 参见王岳主编：《医事法》，人民卫生出版社2019年版，第46页。

② 参见*WMA Declaration of Geneva, 2017 amended*，World Medical Association，October 2017，stated I will respect the secrets that are confided in me，even after the patient has died。

③ 参见《医师法》第二十三条第三项。

④ 参见古津贤、强美英主编：《医事法学》，北京大学出版社2011年版，第380—381页。

⑤ 参见《医师法》第二十四条第一款；《民法典》第一千二百二十五条第一款。

时也是医师的义务。[①]

8.健康教育的义务

我国在20世纪80年代就有关于健康促进和健康教育的实践，[②]医疗机构及医务人员是进行健康教育的重要主体，医师应该充分发挥专业优势，不仅提供诊疗服务，同时也应积极履行对患者及公众进行健康教育的义务。[③]

9.服从调遣的义务

当发生严重威胁人民生命健康的突发事件时，医师应当服从调遣参加到公共卫生事件的救治中。[④]

10.报告义务

医师在执业活动中，如果发现传染病、突发不明原因疾病或异常健康事件，发现或发生医疗事故，发现可能与药品、医疗器械有关的不良反应或事件，发现假药或劣药，发现患者涉嫌伤害事件或非正常死亡等，医师应履行报告义务。[⑤]医师的报告义务有利于对传染性疫情的早发现、早控制，有利于对社会秩序的维护，也可以提升医师的社会地位。

---

① 参见《医师法》第二十三条第四项。

② 1988年卫生部发出了《加强营养工作的通知》，1990年经国务院批准，由国家教育委员会、卫生部发布了《学校卫生工作条例》，从行政法的角度对健康教育提出了明确的具体要求。申卫星主编：《〈中华人民共和国基本医疗卫生与健康促进法〉理解与适用》，中国政法大学出版社2020年版，第197页。

③ 参见《医师法》第二十三条第五项。

④ 参见《医师法》第三十二条。

⑤ 参见《医师法》第三十三条。

第二节　患方的权利与义务

尽管医患法律关系中的患方包括患者、患者近亲属，或者其他相关人员，但从权利义务角度来讲，直接接受医疗服务的主体是患者，患者在医患法律关系中既享有权利，又承担相应的义务。本部分重点论述患者享有的权利及其需承担的义务。①

一、患者的权利

西方文艺复兴运动形成了以个人为中心的个人主义思想，强调人的价值及个人对权利的追求，推动了权利运动的发展，患者权利运动也相应地产生发展起来。②第二次世界大战期间纳粹德国医生的暴行打破了人们对

① 患者权利的实现以及义务的履行，在某些情况中，仍然需要患者近亲属或其他相关人员的协助，从而构成患方的权利及义务。

② 参见梁莉：《病人权利运动综述》，载《医学与哲学》1999年第2期。

医生崇高与神圣使命的认识，意识到仅靠医疗界自律[①]无法切实保护患者的权利，开始以法律的方式保护患者的权利。[②]由此，一批以保护患者权利为主旨的国际文件相继出现。[③]各国也开始以立法的方式对患者权利加以保护。[④]患者权利并非单一性权利，而是由一系列具体权利组成。[⑤]本部分将主要论述生命权、健康权、身体权、隐私权和个人信息的保护、平等医疗保健权、妥善医疗权和知情同意权。

（一）生命权

生命权是以自然人的生命安全利益为内容的、独立的具体人格权。[⑥]

---

① 医疗界自律的最佳例证是出现于公元前5世纪的《希波克拉底誓言》,《希波克拉底誓言》由医生起草，以医生为对象，由医生来实施，在其出现以后，成为医学界的重要法律法规。参见［英］查尔斯·福斯特:《医事法》，刘文戈译，译林出版社2020年版，第2页。

② 参见［英］查尔斯·福斯特:《医事法》，刘文戈译，译林出版社2020年版，第2—4页；又可参见王岳主编:《医事法》，人民卫生出版社2019年版，第22页。

③ 比如1946年的《纽伦堡法典》(Nuremberg Code)、1948年的《日内瓦宣言》、1949年的《国际医学伦理守则》(WMA International Code of Medical Ethics)、1981年的《世界医学会关于患者权利的里斯本宣言》(WMA Declaration of Lisbon on the Rights of the Patient)(以下简称为"《里斯本宣言》")等。

④ 比如《芬兰患者地位与权利法》(Act on the Status and Rights of Patients)、《德国患者权益改善法》(Das Gesetz zur Verbesserung der Rechte von Patientinnen und Patienten)、《美国患者自主决定法》(Patient Self Determination Act of 1990)、《英格兰全民医疗体系章程》(NHS Constitution for England)等。

⑤ 以《促进欧洲患者权利宣言》(A Declaration on the Promotion of Patients' Rights in Europe)为例，其明确患者享有人格受尊重的权利、自主决定的权利、保持身心完整和人身安全的权利、隐私受尊重的权利、道德文化价值观念和宗教哲学信仰受尊重的权利、通过适当的疾病预防措施和治疗措施来保护健康的权利、获得追求自身可达到的最高健康水平的机会的权利、知情同意权等。该宣言被认为勾勒了现代社会患者权利的框架，各国患者权利法制在这些权利的具体内容上，基本大同小异。参见唐超编译:《世界各国患者权利立法汇编》，中国政法大学出版社2016年版，第2页、第17—20页。

⑥ 参见王利明、杨立新、王轶、程啸著:《民法学》，法律出版社2020年版，第900页。

生命权早期一直被视为最基本的自然权利。[①]早在中世纪时期，神学家托马斯·阿奎那（Thomas Aquinas）就论述了人对自己生命所享有的自然权利。直到英国学者约翰·洛克（John Locke），生命权才真正从自然权利转化为宪法权利。《世界人权宣言》（Universal Declaration of Human Rights）明确指出人人享有生命权。[②]我国在《民法典》中规定自然人享有生命权，受到法律保护。[③]

患者享有生命权，医疗行为以保护患者的生命权为最终目的。[④]医方在诊疗活动中不得发生侵害患者生命权的行为。即便是在生命权与其他患者权利发生冲突的情形下，医方仍应坚持生命至上的原则。首先，医务人员不得实施我国法律尚未明文规定的"安乐死""尊严死"等人为终止患者生命的行为。[⑤]其次，在患者生命权受到威胁时，其他患者权利应在坚持权利克减的有限原则的基础上让位给生命权。比如，当患者隐私权和生命权发生冲突时，可以适当披露患者的隐私，但应严格限定在特定的主管部门和医务人员的范围内。[⑥]

---

① 参见刘泽刚:《宪法生命权的界限》，载《华东政法大学学报》2013年第3期。

② 参见 *Universal Declaration of Human Rights (UDHR)*, General Assembly resolution 217A, Dec. 10, 1948, art. 3, stating everyone has the right to life, liberty and security of person, available at https://www.un.org/en/about-us/universal-declaration-of-human-rights。

③ 《民法典》第一千零二条规定:"自然人享有生命权。自然人的生命安全和生命尊严受法律保护。任何组织或者个人不得侵害他人的生命权。"

④ 参见刘国华:《医疗行为的最终目的是保护患者的生命权》，载《中国医院》2007年第7期。

⑤ 尽管一些西方发达国家允许安乐死，比如荷兰、比利时、卢森堡，但是大多数国家并不认同。参见王岳主编:《医事法》，人民卫生出版社2019年版，第26页。

⑥ 参见杨咪、杨小丽:《生命权视野下患者隐私权保护中的道德冲突》，载《中国卫生事业管理》2016年第8期。

（二）健康权

健康权是指自然人以其机体生理机能正常运作和功能完善发挥，因而维持人体生命活动的利益为内容的具体人格权。[①]健康权的出现要晚于生命权，[②]是一个相对来讲比较新的法律概念。[③]第二次世界大战中，德日法西斯实行的毫无人性的人体试验、种族灭绝等行为，使得人类社会深刻反思。1948年正式生效的《世界卫生组织组织法》（Constitution of the World Health Organization）最先从法律角度提出健康是每个人的基本权利。[④]《世界人权宣言》亦将健康权列为基本人权。[⑤]至此，健康权成为独立于生命权的一项新型人权。[⑥]

---

① 参见王利明、杨立新、王轶、程啸著：《民法学》，法律出版社2020年版，第903页。

② 生命权是随着人类进入文明社会同步产生，健康权则是在人均可预期寿命显著提高后才逐步为人所重视并成为新的法律权益。参见王晨光等著：《健康法治的基石：健康权的源流、理论与制度》，北京大学出版社2020年版，第2页。

③ 参见Katharine Young, Julieta Lemaitre, The Comparative Fortunes of the Right to Health: Two Takes of Justiciability in Colombia and South Africa, *Harvard human rights Journal*, Vol. 26, 2013, p. 181。

④ 参见*Constitution of the World Health Organization*, Off. Rec. Wld Hlth Org., July 22, 1946, stating health is a state of complete physical, mental and social well-being and not merely the absence of disease or infirmity, the enjoyment of the highest attainable standard of health is one of the fundamental rights of every human being, available at https://apps.who.int/gb/bd/PDF/bd47/EN/constitution-en.pdf?ua=1。

⑤ 参见*Universal Declaration of Human Rights (UDHR)*, General Assembly resolution 217A, Dec. 10, 1948, art. 25, stating everyone has the right to a standard of living adequate for the health and well-being of himself and his family, including ... medical care and necessary social services, available at https://www.un.org/en/about-us/universal-declaration-of-human-rights。

⑥ 参见王晨光等著：《健康法治的基石：健康权的源流、理论与制度》，北京大学出版社2020年版，第2—4页。

我国《基本医疗卫生与健康促进法》第四条第一款规定："国家和社会尊重、保护公民的健康权。"《民法典》第一千零四条规定："自然人享有健康权。自然人的身心健康受法律保护。任何组织或者个人不得侵害他人的健康权。"患者享有健康权，要求医方以最善意的注意义务谨慎地开展医疗活动，医疗行为本身具有风险性且具有一定的人身创伤性，要尽量避免发生医疗损害、医疗产品损害等不良事件。①

（三）身体权

身体权是公民维护其身体完全并支配其肢体、器官和其他组织的具体人格权。②《民法典》第一千零三条规定："自然人享有身体权。自然人的身体完整和行动自由受法律保护。任何组织或者个人不得侵害他人的身体权。"身体权不同于生命权，身体权保护的是身体组织的完整性，一旦受到侵害，表现的是身体完整性的破坏；生命权保护的是人的生命活动能力，一旦受到侵害，要以生命不可逆转的丧失为标准。身体权也不同于健康权。首先，二者的客体分别是身体和健康；其次，身体权强调身体组织的完整性，健康权则侧重身体功能的完整性；最后，身体权是自然人对自己身体组成部分的支配权，健康权则没有明显的支配性质。③

患者享有身体权，要求医方在诊疗活动中：（1）不得损害患者死亡之后的尸体。比如，医师不得在解剖尸体的过程中，擅自留取死者的组织或器官。（2）不得非法保留、占有身体组织。比如，医师不得为完成科研任

① 参见赵敏主编：《医疗法律风险预防与处理》，北京大学出版社2019年版，第76页。

② 参见王利明、杨立新、王轶、程啸著：《民法学》，法律出版社2020年版，第903页。

③ 参见王利明、杨立新、王轶、程啸著：《民法学》，法律出版社2020年版，第903页。

务而从患者身体上通过多取检材的方式为自己留取活体材料。（3）不得对身体组织实施不疼痛的侵害。身体权和健康权紧密联系，身体权保护的是肢体、器官和其他组织的完整状态，健康权保护的是各个器官和整个身体功能的健全。一般来讲，对身体组织的破坏，如果没有造成严重的痛楚，就不被认为是对健康权的侵害，而是对身体权的侵害，一般对人体无感觉神经分布的组织实施的行为属于对身体权的侵害。（4）不得进行过度医疗、侵害患者的身体。医务人员的医疗行为要符合治疗的目的，不得为牟取非法利益或降低诉讼风险等，就给患者过度检查或治疗。[①]

（四）隐私权和个人信息的保护

隐私这个概念自古就有，《希波克拉底誓言》中就有对隐私保护的誓词。我国《民法典》第一千零三十二条和第一千零三十四条第一款和第二款对隐私权和个人信息保护作了规定："自然人享有隐私权。任何组织或者个人不得以刺探、侵扰、泄露、公开等方式侵害他人的隐私权。隐私是自然人的私人生活安宁和不愿为他人知晓的私密空间、私密活动、私密信息。""自然人的个人信息受法律保护。个人信息是以电子或者其他方式记录的能够单独或者与其他信息结合识别特定自然人的各种信息，包括自然人的姓名、出生日期、身份证件号码、生物识别信息、住址、电话号码、电子邮箱、健康信息、行踪信息等。"

患者享有隐私权及对个人信息进行保护的权利，主要是指对患者隐私的保护。患者隐私是指患者在就诊过程中向医师公开的，但不愿让其他人

---

① 参见刘鑫著：《医事法学》，中国人民大学出版社2022年版，第69—70页。

知道的信息、空间和活动。[①]患者的隐私信息是指在不妨碍他人与社会公共利益的前提下，患者个人内心与身体上存在的不愿让别人知晓的秘密信息。患者的隐私空间是指在医院就诊过程中，暂时为患者占有、使用，而其不愿意被他人侵入的场所。患者的隐私活动，即患者的隐私行为，是指在医院就诊过程中，除法律法规特别规定外，患者具有行动自由的权利，医院不得限制患者的行为。[②]

患者隐私权及对个人信息的保护主要包括：（1）患者隐私隐瞒权，即患者享有对其隐私进行保密的权利，未经其同意，任何人不得进行披露或刺探、传播；（2）患者隐私维护权，即患者享有的维护其隐私不被侵犯，受到非法侵害可以寻求司法保护的权利；（3）患者隐私支配权，即保证患者在隐秘的场所进行诊疗，且满足患者的知情同意权；（4）患者隐私利用权，即患者对自己隐私享有的积极的利用权。[③]

---

① 关于患者隐私的定义，学界有多种观点，大体采直接概括方式和直接概括加列举并用的方式。直接概括的方式又有多种观点，比如，患者隐私包括生理隐私、心理隐私、社会隐私和咨询隐私；患者隐私限定在私人信息中能被医疗机构及其医务人员接触且侵犯的那部分。直接概括加列举并用的方式亦有多种观点，比如，病人隐私，泛指病人自初诊挂号、就医流程、诊疗程序等与医事人员互动所产生的所有健康相关资讯，包含个人基本资料、病情主诉内容、书面文字、影响咨询等，所有可显示病人身份、健康情形、医疗状况、诊断、预后、治疗的资讯，以及其他一切私人资讯均属之；患者的隐私即与患者的身体、健康与医疗有关的不愿被第三人所知悉的所有信息，具体包含：（1）患者需要向医院和医务工作者提供的患者的基本个人信息，比如联系方式、家庭住址、年龄、病历病史等，（2）患者基于直接医疗行为而产生的各种特殊检查化验报告单，比如血常规报告单等，（3）患者向医务工作人员提供的辅助医疗行为的关联信息，如患者的性取向、性生活等方面的信息。参见龚赛红等著：《患者隐私权法律保护研究》，中国社会科学出版社2022年版，第8—11页。

② 参见王岳主编：《医事法》，人民卫生出版社2019年版，第30—31页。

③ 参见龚赛红等著：《患者隐私权法律保护研究》，中国社会科学出版社2022年版，第19—23页。

（五）平等医疗保健权

平等医疗保健权，是指每位患者对医疗资源所享有的权利，不因男女、老幼、贫贱富贵而有所不同，应一律平等。公共医疗资源是社会资源，也是国家资源，因此每位国民都有平等享有医疗资源的权利，此为实质意义上的平等医疗保健权。患者享有平等医疗保健权要遵循两个原则，先来先受服务原则和急症、重症优先原则，此为形式意义上的平等医疗保健权。[①]

（六）妥善医疗权

妥善医疗权，是指在医疗活动的每一个环节，患者的生命健康应当得到最大限度的尊重与照顾的权利。具体包括：第一，紧急状态下获得及时诊断治疗的权利；第二，获得正确诊断的权利；第三，获得适当治疗的权利；第四，获得持续治疗的权利；第五，治疗过程中获得合格医护人员、医疗设备及药品治疗的权利；第六，拒绝医方过度医疗行为的权利；第七，转诊或转院的权利；第八，诊疗过程中获得正确指导的权利。[②]

（七）知情同意权

知情同意是医疗活动中的一项基本规则，1887年时任德国宰相的俾斯麦认为皇太子的医师不得在未得到皇太子同意的情况下，将皇太子患

---

① 参见王岳主编：《医事法》，人民卫生出版社2019年版，第32页；赵敏主编：《医疗法律风险预防与处理》，北京大学出版社2019年版，第76—77页；刘鑫著：《医事法学》，中国人民大学出版社2022年版，第72—73页。

② 参见侯雪梅著：《患者的权利：理论探微与实务指南》，知识产权出版社2005年版，第89—125页；申卫星主编：《卫生法学原论》，人民出版社2022年版，第286—289页。

有癌症的咽喉切除，这被认为是知情同意最早成为问题的体现。[①]知情同意权的概念起源于1946年的《纽伦堡法典》。[②]《纽伦堡法典》在第1条中提出任何人体试验必须以取得受试人的同意为前提，且必须在受试人作出决定前，使其知晓试验的性质、持续时间、目的、方法、可能存在的风险等。[③]1964年世界医学大会通过的《赫尔辛基宣言》（Declaration of Helsinki）继承了《纽伦堡法典》就人体试验以受试人知情同意为前提的规定，标志着知情同意成为世界医学界的共识。[④]随后，各国纷纷以成文法或判例的形式明确知情同意权为患者的权利之一。[⑤]我国在《基本医疗卫生与健康促进法》第三十二条规定了知情同意权。该条款将我国散见于法

① 参见龚赛红著：《医疗损害赔偿立法研究》，法律出版社2001年版，第224页。

② 参见申卫星主编：《医疗纠纷预防和处理条例条文释义与法律适用》，中国法制出版社2018年版，第84页。

③ 参见唐超编译：《世界各国患者权利立法汇编》，中国政法大学出版社2016年版，第3—4页。

④ 参见王岳主编：《医事法》，人民卫生出版社2019年版，第50页。

⑤ 比如，英国在《英格兰全民医疗体系章程》中明确规定患者的权利包括知情抉择权（Informed choice）。参见The NHS Constitution for England, available at https://www.gov.uk/government/publications/the-nhs-constitution-for-england/the-nhs-constitution-for-england#patients-and-the-public-your-rights-and-the-nhs-pledges-to-you。又如，芬兰在《芬兰患者地位与权利法》第2章第5条规定了患者知情的权利（Patients' right to be informed）。参见Act on the Status and Rights of Patients, available at https://www.finlex.fi/en/laki/kaannokset/1992/en19920785.pdf。再比如，美国通过一系列案例确立了知情同意权。1957年，在*Salgo v. Leland Stanford Jr. University Board of Trustees*案中，美国法院首次在医疗领域引入了“知情同意”；1960年和1961年分别作出的*Natanson v. Kline*案、*Mitchell v. Robinson*案和*Di Filippo v. Preston*案进一步引起理论界和实务界对“知情同意”的深入讨论。参见Salgo v. Leland Stanford Jr. University Board of Trustees, 154 Cal. App. 2d 560, 317 P.2d 170, (1st App. Dist. Oct. 22, 1957), Natanson v. Kline, 350 P.2d 1093 (1960), Mitchell v. Robinson, 334 S. W. 2d 11 (1960), Di Filippo v. Preston, 173 A.2d 333 (1961)；又可参见，Michael Justin Myers, “Informed Consent in Medical Malpractice”, 55 Californial Law Review, 1396–1418 (1967)。

律、行政法规、规章等规范中近40条关于知情同意权的规定进行了集成与统一，被称为“知情同意条款的母条款”。[①]

知情同意权包括知情权和同意权，有时患者仅需行使知情权，有时患者需要同时行使知情权和同意权，但同意权的行使要以知情权的行使为前提。

患者的知情权与医师的告知义务相对应，其强化了医师告知义务的范围。[②]以我国现行立法为例，《基本医疗卫生与健康促进法》第三十二条从患者角度出发，规定患者知情同意权的内容一般包括病情、诊疗方案、医疗风险、医疗费用等事项；在需要实施手术、特殊检查、特殊治疗的情况下，还包括替代医疗方案等。《民法典》第一千二百一十九条从医务人员的视角出发，规定医务人员的告知义务包括一般告知义务和特殊告知义务。一般告知义务要求医务人员在一般诊疗活动中要向患者说明病情和医疗措施；而在需要手术、特殊检查、特殊治疗的情况下，要向患者具体说明医疗风险、替代医疗方案等。无论是一般情况还是特殊情况，《基本医疗卫生与健康促进法》和《民法典》均采用开放式的立法模式，一个“等”字说明患者知情权的内容并不止于病情、诊疗方案、医疗风险、医疗费用和替代医疗方案。[③]患者就医疗措施、诊疗方案、替代医疗方案的同意与拒绝，很大程度上取决于医

---

① 参见申卫星主编：《〈中华人民共和国基本医疗卫生与健康促进法〉理解与适用》，中国政法大学出版社2020年版，第99页。

② 参见刘静坤：《病人自治、尊严死亡与最佳利益原则》，载《中外法学》2022年第4期。

③ 有学者将患者知情权定义为“患者享有从医疗机构和医务人员处知悉自己病情、诊疗方法和手段、医疗风险、诊疗效果、预后等方面信息的权利，有权知道负责其治疗的医生的身份和专业地位，有权查阅、复印病历资料，有权得到详细的医疗费用情况等信息”。其内容远远多于立法明确列举的事项。参见赵敏主编：《医疗法律风险预防与处理》，北京大学出版社2019年版，第77页。

师告知的信息，医师是患者决策的信息源，直接决定着患者决策的质量，凡是与个案诊疗相关的重要信息，就应当告知患者。[①]除此以外，针对临床试验和其他医学研究，不仅要通过伦理审查，同时要取得知情同意。

患者同意权，也被称为患者决定权、患者选择权，是患者自主决定权[②]的体现。《基本医疗卫生与健康促进法》和《民法典》中规定的在需要实施手术、特殊检查、特殊治疗的情况下的患者同意权只是患者同意权的一部分，对医疗机构、医务人员的选择以及在临床试验等医学研究中患者的同意，也是患者同意权的一部分。

患者同意权的实现首先需要建立在患者充分知情的基础上，这就要求医方在履行告知义务时，要用患方可以理解的语言充分告知，保证患方接收信息的真实性、准确性、全面性和客观性。[③]其次患者需要具备同意能力。同意能力是指有关的人能够理解检查、治疗或研究的程序，能够权衡它的利弊得失，能够对面前的选择作出评价，能够理解所采取的行动的后果，有能够根据这种知识作出决定的能力。[④]判断患者是否具有同意能力，不能完全以民法上的行为能力或刑法上的责任能力为准。有些患者尽管是完全民事行为能力人，但心理承受能力较弱，很可能无法作出正确判断。

---

① 参见刘静坤：《病人自治、尊严死亡与最佳利益原则》，载《中外法学》2022年第4期。

② 患者的自主决定权被认为是患者权利的一种，一些国际文件及许多国家的法律均对其有明确规定，比如，1981年《里斯本宣言》指出，医生要维护患者的自主权（patient autonomy），患者有自主决定的权利（right to self-determination）。《美国患者自主决定法》规定参与医疗保险（medicare）和医疗救助（medicaid）的医疗服务提供者和健康维护组织要确保接受医疗服务之人的自主决定权，有机会参与医疗决策并做决定。我国当下暂无对患者自主决定权的明确规定，对患者知情同意权的规定可以被认定为是对患者自主决定权的认可与规定。

③ 参见王岳主编：《医事法》，人民卫生出版社2019年版，第52页。

④ 参见龚赛红著：《医疗损害赔偿立法研究》，法律出版社2001年版，第232—233页。

因此，应根据具体情况进行决定。[①]最后患者需要自愿作出同意，患者在受他人强迫、威胁或不正当影响下作出的同意属于无效同意。[②]

患者知情同意权的设立是为了保护患者权利，但在特定情况下，需要对其进行适当的限制。患者知情同意权适用的例外情况主要有如下五种：[③]第一，在医疗的紧急情形下，患者的生命健康面临不能拖延的严重威胁，且患者处于客观无法作出同意的情况，等待患者近亲属或相关人员的同意，又可能对患者生命健康造成极大损害，可以经医疗机构负责人或授权的负责人批准，立即实施相应的医疗措施。[④]第二，在适用保护性医疗的情形下，为避免患者出现不安、自暴自弃等情况影响治疗，可以对患者善意地隐瞒一些关于病情、治疗手段以及治疗风险的信息。第三，在患者主动放弃或转让其知情同意权的情况下，允许患者放弃或转让其知情同意权实际是设置了一个机制来包容不同价值观下的不同原则，因为有些患者缺乏分析风险系数的自信，有些患者倾向于听从医生的职业判断，有些患者则倾向于由其家庭成员做出判断。[⑤]第四，在强制医疗的情形下，患者有接受强制医疗的义务，无需取得患者的同意。第五，针对一些常识性的事项，医师无需告知患者。

---

① 参见王岳主编:《医事法》，人民卫生出版社2019年版，第51页。

② 参见艾尔肯:《论医疗知情同意理论》，载《河北法学》2008年第8期。

③ 参见王岳主编:《医事法》，人民卫生出版社2019年版，第54—57页。

④ 此种知情同意权的例外主要是建立在“患者最佳利益原则（Principle of Best Interests）”的基础上。患者最佳利益原则起源于“儿童最佳利益原则”在医疗领域的应用，是对患者自主原则的补充。由于在紧急情况下无法获得患者、近亲属或相关人员的意见，就需要设置一个基本原则帮助患者作出决定以实现对患者生命或健康的保护，进而产生了患者最佳利益原则。即在无法取得患方的医疗决定时，由医方根据患者的最佳利益为患者作出医疗决定。参见申卫星主编:《卫生法学原论》，人民出版社2022年版，第269—272页。

⑤ 赵西巨著:《医事法研究》，法律出版社2008年版，第81页。

二、患者的义务

患者作为医患关系主体的一方，如若只享受权利而不履行义务，势必造成医患关系的失衡和紧张，甚至发展成为医疗纠纷，涉及患者义务的相关规定的缺失有重要影响。患者在医患关系中应承担如下义务：协力配合义务，缴纳费用的义务，遵守医疗秩序、尊重医务人员的义务，接受强制医疗的义务。

（一）协力配合义务

疾病的治愈并非完全仰仗医方的一己之力，也需要医方与患者的共同配合。在诊疗过程中，首先，患者负有如实、全面地陈述相关信息的义务，以便于医务人员全面了解病情并作出正确判断；其次，患者负有接受必要的医学检查的义务，以帮助医务人员进一步确定病情；再次，在医务人员履行告知义务后，患者负有作出决定的义务，在手术等特殊治疗中，患者或其近亲属需要签署同意书；最后，患者负有遵守医嘱的义务，以利于医务人员诊疗方案的实现。如若患者不配合医方合规的诊疗，因此受到的损害，医方不承担赔偿责任。[①]

（二）缴纳费用的义务

医患之间，医方提供医疗服务，患者需要缴纳相关的费用。鉴于医疗行为的特殊性，医方仅负手段债务，不负结果债务，只要医方提供的医疗

① 参见《民法典》第一千二百二十四条第一款第一项。

服务符合相关法律、法规及诊疗规范，患者则不能以疾病未痊愈为由拒交相关费用。[①]

（三）遵守医疗秩序、尊重医务人员的义务

医疗机构和医务人员在医疗机构内为患方提供医疗服务，需要有相关的规章制度，以保证医疗秩序，进而提供更好的医疗服务。患者需要遵守医疗秩序，以保证医疗活动的正常进行。医务人员作为医疗服务的提供者，悬壶济世、救死扶伤，是令人尊敬的崇高的职业。医务人员享有人身权利，患者负有尊重医务人员的义务。《医师法》《护士条例》《民法典》《基本医疗卫生与健康促进法》等均有规定，医务人员依法履行职责，受法律保护；医务人员的人格尊严、人身安全不受侵犯；干扰医疗秩序，妨碍医务人员工作、生活，侵害医务人员合法权益的，应当依法承担法律责任。值得注意的是，不仅患者负有遵守医疗秩序、尊重医务人员的义务，患者家属等相关人员也负有遵守医疗秩序、尊重医务人员的义务。

（四）接受强制医疗的义务

在特定情况下，国家基于医疗的特殊性和对国民生命和身体健康的维护，规定了患者接受强制检查或强制治疗的义务。比如《传染病防治法》中规定对甲类传染病患者、病原携带者予以隔离治疗；[②]《精神卫生法》中

---

① 一般医疗行为中，医方仅负手段债务，不负结果债务，但是，在医疗美容等特殊医疗行为中，可以约定医方实现某种特定医疗结果，此时，患者可以未实现约定结果为由，拒付医疗费用。

② 参见《传染病防治法》第三十九条第一款第一项。

对于已经发生伤害自身行为或已经发生危害他人安全行为的严重精神障碍患者实施住院治疗；[①]《疫苗管理法》中规定适龄儿童需按时接种免疫规划疫苗。[②]有些情况下，鉴于患者个人的特殊情况，并无法履行接受强制医疗的义务，往往需要患者家属的积极配合。因此，在强制医疗的情况下，患者家属也有积极配合患者履行接受强制医疗义务的责任。

---

① 参见《精神卫生法》第三十条第二款。

② 参见《疫苗管理法》第六条第三款。

本章小结

医患法律关系的内容是医患法律关系中最核心的构成要素，主要包括医方的权利与义务和患方的权利与义务。鉴于医患关系中医方与患方的信息和能力的不对等，医患关系中的权利义务呈现出医方的义务性和患方的权利性特征，即更注重对医方履行义务的要求和对患者享有权利的保护。

医方的权利主要指医疗机构的权利与义务和医师的权利与义务。医疗机构主要享有从事医疗活动、获取医疗费用、管理医务人员的权利，同时需要履行《医疗机构管理条例》和《民法典》中规定的开展诊疗活动、对危重病人的立即抢救和及时转诊、保障患方就诊及住院期间的人身和财产安全等义务。执业医师享有执业权、获取报酬和福利待遇的权利、条件保障权、从事学术研究及参加培训权、意见和建议权以及人身权利。相对应地，执业医师需要履行的义务主要包括尊重患者、敬业尽职义务，依法遵规实施诊疗活动的义务，诊疗义务，告知义务，保护患者隐私和个人信息的义务，医疗记录制作与保管义务，提升业务水平的义务，健康教育的义务，服从调遣的义务和报告义务。

患方的权利与义务主要是指患者的权利与义务。伴随着患者权利运动的兴起，患者权利的保护越来越受到重视。患者权利并非单一性权利，而是由一系列具体权利组成，主要包括生命权、健康权、身体权、隐私权和个人信息的保护、平等医疗保健权、妥善医疗权和知情同意权。其中生命权、健康权、身体权、隐私权属于患者的人格权，是患者作为一个自然人所享有的最基本的权利。平等医疗保健权、妥善医疗权和知情同意权是患者享有的与医疗相关的权利。尽管对患者权利的保护受到相当多的重视，但是，仅强调患者的权利而忽视患者的义务，反而会造成医患关系的失衡和紧张，甚至发展成医疗纠纷，患者在医患关系中应承担协力配合义务，缴纳费用的义务，遵守医疗秩序、尊重医务人员的义务和接受强制医疗的义务。

Yihuan Guanxi Shijiao Xia
Yiliao Jiufen Yufang Zhidu Yanjiu

第四章

医患关系的多视角综合分析

医患关系是一种涉及多个学科的复杂社会关系，从多个视角对其进行综合研究，有利于全面地认识医患关系，深入地理解医患矛盾产生的原因，更好地构建和谐的医患关系。本部分将重点在历史、社会角色理论和共情理论的视角下就医患关系展开分析。

第一节　历史视角下的医患关系

人类自诞生之日起就伴随着各种疾病，[①]相应地，治疗疾病的医术和药物也随之出现，[②]继而，开始有人专门负责诊治疾病，逐渐形成医师群体和病患群体，二者之间的互动形成了医患关系，并随着历史的变迁而不断发生变化。本部分站在历史的视野下，首先分别研究我国与西方医患关系的形成、发展与变迁，再结合科技的进步，分析数字时代中的医患关系。

一、医患关系在我国的历史沿革

我国医学的起源可以追溯至远古时代，中华文明始祖中的伏羲[③]、神

① 原始人类时期就已经存在各类疾病，比如根据考古发现，远古人类的遗骸上，可以发现骨折、骨膜炎等病症的病灶。除此之外，原始人类也可能因为与动物接触或食用动物而感染动物传染病。参见张大庆著：《医学史十五讲》，北京大学出版社2020年版，第20—21页；又可参见［英］罗伊·波特主编：《剑桥医学史》，张大庆等译，译林出版社2022年版，第14页。

② 医术和药物的产生甚至早于文字记载，考古发现，新石器时代就已经存在穿颅术，最早的针砭工具也可以追溯到新石器时代。参见王振国、张大庆主编：《中外医学史》，中国中医药出版社2018年版，第8—10页。

③ 传说伏羲尝百药而制九针，伏羲制九针更是被认为是针灸的起源。

农[①]、黄帝[②]被认为是传说中中国医学最早的创始者。夏、商时期已经出现了专门从事诊治活动的巫医，从历史的角度研究我国的医患关系，当从此时开始。

（一）巫医一体时的医患关系

夏商时期，生产力水平低、科学知识贫乏，人们迷信鬼神，巫术盛行[③]，“医”与“巫”并无区分[④]，巫医为专门从事诊疗活动的主体。作为同时掌握巫卜之术和一定治病方法的巫医来说，其在为人们诊疗伤病时，一方面是通过巫卜之术实现“驱魔”[⑤]或代病患向神灵祈祷[⑥]，另一方面是通过其掌握的医学知识来医治病患[⑦]。

---

① 神话传说中神农的肚皮是透明的，其尝百草以疗民疾，被尊称为“药王神”，中国现存第一部中药学著作《神农本草经》亦是托其名而作，中药的起源亦被认为是从其尝百草开始的。

② 传说黄帝经常与其臣民讨论医学，被尊为经典中医学著作的《黄帝内经》即是托黄帝之名与其臣民讨论医学的著作。

③ 比如，考古发掘中发现了属于夏朝时的卜骨，说明夏朝时就已经有巫术流行了；商朝时各类事宜均需要问卜吉凶，因此有大批巫卜神职人员为商王供职；西周时期巫人从政的情况有所减少，但是仍然有强大的影响。参见王振国、张大庆主编：《中外医学史》，中国中医药出版社2016年版，第13页。

④ “医”字本来写作“毉”，上“殹”下“巫”，充分说明古时“医”与“巫”并无区分。参见汉语大词典编纂处编：《康熙字典：标点整理本》，上海辞书出版社2014年版，第537页。

⑤ 彼时，人们对疾病的认识尚浅，往往认为生病是鬼魔诅咒或附体导致，当时的人们认为巫医通过其法术可以驱赶致病的鬼魔。

⑥ 巫医代病患向神灵祈祷被称为巫医文化中的“替换”，即通过巫医代病患向神灵祈祷，以实现由巫医代病患受苦的治疗方式。参见古津贤、李大钦主编：《多学科视角下的医患关系研究》，天津人民出版社2009年版，第71—72页。

⑦ 根据考古发现，商朝时期，人们已经知道用药物来治疗疾病，并且开始有意识地种植药物；同时，人们也已经开始使用砭镰、熨石、用于针灸的青铜针等医疗器具。参见赵丛苍、曾丽：《医学考古学视域的商周医患关系初探》，载《文博》2022年第1期。

此时的医患关系主要表现为巫医与病患之间的关系，且体现出巫医主导、患者被动的特征，巫医的身份和地位极高，备受尊敬。首先，巫医通过巫卜之术树立了权威。鉴于生病被认为是被鬼魔诅咒或寄生，人们眼中的病患并非“人”，巫医采用的诊治方式往往也非常残忍或野蛮，[①]甚至包括处死病患及其家属[②]。此外，人们往往认为既然巫医可以驱除鬼魔，其亦可召回鬼魔，[③]因此，往往对巫医抱有敬畏之心。其次，人们对神灵的崇拜与信仰提升了巫医的地位。巫医通过巫卜之术可以与神灵、祖先交流，甚至是代病患受苦，给予了病患心理及精神上的极大支撑，这就要求病患不仅需对神灵、祖先虔诚，亦需对巫医持有一种虔诚的态度。再次，巫医确实掌握一定的医学知识。考古发现，此时的巫医已经知道熬煮汤药能够提升药效，可以根据病患症状来对症下药，也可以运用砭镰、针灸等医疗器具来实现排脓、疏通经络、调理气血的目的。[④]可见，巫医的巫卜之术尽管可以给患者以精神支撑，但疾病的治疗仍然需要巫医所掌握的医学知识。最后，巫医主要服务于王权贵族阶层。由于医学仍处于起步阶段，只有身份地位等级高者才能掌握相应的医学知识，其亦主要为王权贵族阶层服务并受到王权的保护。

---

① 比如鞭笞或捆绑。参见古津贤、李大钦主编：《多学科视角下的医患关系研究》，天津人民出版社2009年版，第71页。

② 比如在治疗“蛊病”时，因为其被认为是一种由蛊怪引起的寄生虫病，对蛊怪的惩罚异常严厉，其中就包括用各种奇异的方式处死病人及其整个家庭。参见［美］洛伊斯·N.玛格纳著：《医学史》，刘学礼主译，上海人民出版社2017年版，第62页。

③ 参见古津贤、李大钦主编：《多学科视角下的医患关系研究》，天津人民出版社2009年版，第71页。

④ 参见赵丛苍、曾丽：《医学考古学视域的商周医患关系初探》，载《文博》2022年第1期。

巫医一体下的巫医采用巫卜之术及其掌握的医学知识为病患诊疗，在人们中树立了权威并赢得了信任；同时，巫医又受到神权和王权的双重保护，这样背景下的医患关系，尽管巫医占主导，拥有极高的地位，病患完全处于被动地位，但仍然较为稳固。

（二）巫医完全分离后的医患关系

我国在周朝时期开始专门设立医师的官职，包括食疗医师、治疗简单疾病的医师、外科医师、兽医和总管医师。宫廷中设有由医师组成的医学院，由头衔最高的医师给其他医师上课，这些医师也可以阅读宫廷图书馆中关于医学等自然科学的书籍。除此之外，尽管宫廷外的医师大多通过学徒制训练或自学后行医，几乎每个省也都设有医学学校。①伴随着医学技术的不断发展，经过正规训练的医师开始试图将其与巫术分开，医学科学与巫术神学形成对立，巫、医开始分离，至春秋战国时期，医学逐渐摆脱巫术的羁绊，开始独立发展。②

与此同时，医学开始走下神坛，从服务于上层王权贵族扩散到民间，民间医师开始出现，其中不乏医术高超的名医，比如扁鹊、淳于意等。从宋元开始，士大夫对医学问题的关切不断提高，士大夫与医师的交往相当频繁，且不限于医疗场域中，具有一定文化素养的医师还会被纳入士大夫自身的交游网络当中，被称为“儒医”。元、明之际的许多士大夫喜欢与

---

① 参见［美］洛伊斯·N.玛格纳著：《医学史》，刘学礼主译，上海人民出版社2017年版，第61—62页。

② 参见［美］洛伊斯·N.玛格纳著：《医学史》，刘学礼主译，上海人民出版社2017年版，第62页；赵丛苍、曾丽：《医学考古学视域的商周医患关系初探》，载《文博》2022年第1期。

医师探讨医理，亦喜欢收藏、编著出版医书，特别是在医籍出版方面，有突出贡献。①除此以外，宋代开始后，作为不会直接威胁统治秩序的大众医疗，政府并未将其纳入制度管理当中。②明代中期以后，政府基本上从医学教育领域退出，医学知识的生产高度社会化。③宋元时期士大夫对医学的关切以及官府对医学教育及行医资格管理的欠缺，促进了医学知识的大众化和普及化。到明清时期，我国的医疗市场逐渐发展表现出“医师普遍化”的特点，只要能够读书识字，人人都可以学医从医，并得到许多人的认可。④19世纪中后期俄国驻华使馆外交官D.马克戈万曾对中国的医师做出如下评价：“在中国，任何人都可以从事医生职业……只要穿上象征医生职业的长衫，看病时做出阴沉的，但略显懂行的神态，再能说出一些中草药的名称，那么他就可以看病当医生了。”⑤类似的评价，可以说是当

① 参见王涛锴：《明前期士大夫的医学化与医、儒互动》，载《福建师范大学学报（哲学社会科学版）》2018年第5期。

② 参见涂丰恩著：《救命：明清中国的医生与病人》，商务印书馆2017年版，第91—96页。

③ 参见祝平一：《药医不死人，佛度有缘人：明、清的医疗市场、医学知识与医病关系》，转引自石任昊：《国家卫生建设与医患纠纷生产——民国时期与当代的比较研究》，载《社会学评论》2022年第4期。

④ 比如，在“晚明三案”中的“红丸案”中，为身患重疾的明光宗医治的医师除太医院御医外还包括御药房宦官和外廷群臣。参见朱亦灵：《医疗史视野下的晚明“红丸案”——以医病关系为中心的探索》，载《中国社会历史评论》2020年第1期。亦有学者指出“……明清时期，行医已渐趋成为一种相对开放的职业……只要能够读书识字、诵读汤头歌诀，即能悬壶于世、开局行医”。参见马金生著：《发现医病纠纷：民国医讼凸显的社会文化史研究》，社会科学文献出版社2016年版，第34页。俄国驻华使馆外交官马克戈万在其书中亦曾举例，一个普通的农民，可能会突然摇身一变，成为一位很有名望的医生。参见［俄］D.马克戈万：《尘埃：百年前一个俄国外交官眼中的中国》，脱启明译，时代文艺出版社2004年版，第147页。

⑤ ［俄］D.马克戈万：《尘埃：百年前一个俄国外交官眼中的中国》，脱启明译，时代文艺出版社2004年版，第147页。

时在我国的外国人的通识。[1]

从巫、医分离，医学走下神坛到医学知识的大众化，“人人皆可为医”，医患关系体现出病患主导、医师缺乏权威的特征。首先，病者择医、频繁换医现象普遍。早在战国时期，就已经出现病者反复择医的医疗现象。中国最早的医案，淳于意的二十五则医案中也曾多次记载病患在延请的医师无法治愈自己的疾病后，又延请淳于意医治的事例。[2]而病患同时请两三名医师，甚至在经济条件允许的情况下，同时请十多名医师的情况亦很普遍。[3]其次，医师行医场所多为病患家。我国历代均没有公共医院设施，医师的诊疗活动基本上都是发生在病患家中，医师在诊治过程中，病人的亲属甚至邻居、友人都会参与甚至强力介入其中。在有多名医师在场的情况下，还要与其他医师竞逐，又面临被更换的可能，医师本身更像是“挥之即去的匆匆过客”。[4]再次，病家享有最终决定权。当多名医师在场时，并不一定是多名医师之间合作共同会诊，更加普遍的情形是各个医师各自诊断开方，由病家决定采用哪位医师的诊治方案，病家如同考官，

---

① 比如，英国传教士约翰·麦高温（John Macgowan）在其书中曾对我国医疗行业作出类似的描述：“在中国，无论男人还是女人，人人都可以不受任何限制地公开行医……只要那个人有一件长衫，一副有学识的面孔……以及对于汤药和成药的肤浅知识，他随时都可以治疗令西方一流的内科医生头疼的疑难杂症。”参见［英］麦高温著：《中国人生活的明与暗》，朱涛、倪静译，中华书局2006年版，第162页。

② 参见吕金伟：《汉初的医疗市场与医病关系——以淳于意医案为中心》，载《长江师范学院学报》2014年第4期。

③ 参见涂丰恩：《择医与择病——明清医病间的权力、责任与信任》，载《中国社会历史评论》2010年第1期。

④ 参见涂丰恩：《择医与择病——明清医病间的权力、责任与信任》，载《中国社会历史评论》2010年第1期。

医师则像临考学生。[①]即便是只有一位医师诊治的场合，病家与医师讨论药方、随意增减数量甚至完全推翻医师的诊断的情况也非常常见。[②]从次，医者群体内部存在无序竞争的状态。鉴于我国并没有一套行之有效的医师职业标准，民间医师众多，医疗市场不可避免地存在竞争。同行之间为提高自己的名声，甚至会相互诋毁。[③]许多有名望的医师也不得不寻找病人，为了招揽病人，有些医师还会在医价、便利性等方面做出调整，以投患者喜好。[④]还有些医师会定期去探访病人，却发现病人已经换了医师。[⑤]最后，病者择医的同时，医者亦择病。鉴于病者择医现象的普遍以及医疗市场内部的竞争，政府又并未将医疗市场纳入管理，医者为在患者群中树立权威，不仅要精通医术，更要懂得如何维护自己的名声。比如，中国古代的名医扁鹊在行医过程中，有其自己的行医原则，对六类患者不予施治：

---

① 参见古津贤、李大钦主编：《多学科视角下的医患关系研究》，天津人民出版社2009年版，第74页。

② 参见涂丰恩：《择医与择病——明清医病间的权力、责任与信任》，载《中国社会历史评论》2010年第1期。

③ 比如，中医方本慈在文章中评价中医同道间的相互诋毁为中医界的一大“劣根性”：“俗云：同行为敌国。我国医界亦大多如是。对于同行，隐善扬恶，专以诋毁为能事。一曰某医不可，二曰某医不良，惟独自己是医界万能，事事以自己为高，别医一文不值。似此同业相残，无非欲打倒同业众人，以增进自己业务上之利益耳。”方本慈：《中医亟应革除劣根性》，载《光华医药杂志》1936年第4卷第1期，转引自马金生：《自保、革新与维权——中医界对医患纠纷的认识和因应（1927—1949年）》，载《浙江学刊》2015年第3期。

④ 明代徽州的一份“卖药招医帖”中，在推荐医师时，除提及其医术高明外，同时提及其价钱公道、方便联络等优点。参见涂丰恩：《择医与择病——明清医病间的权力、责任与信任》，载《中国社会历史评论》2010年第1期。

⑤ 参见［美］洛伊斯·N.玛格纳著：《医学史》，刘学礼主译，上海人民出版社2017年版，第63页。

“骄恣不论于理，一不治也；轻身重财，二不治也；衣食不能适，三不治也；阴阳并，脏气不定，四不治也；形羸不能服药，五不治也；信巫不信医，六不治也。”①

医学摆脱巫术独立发展后，医师不再受到神权和王权的双重保护。随着医学知识的普及化以及政府对大众医疗的疏于管理，再加上医师群体内部的无序竞争，医师的权威逐渐下降，患者的地位不断提高，医患关系中患者处于主导地位，医师处于被动地位，医师为了维护自己的名誉等，在招揽病人的同时亦有自己的择病准则，医患之间存在一定的不和谐因素，但总体来讲，较为稳定。②

（三）西方医学传入后的医患关系

明末清初，西方医学开始传入中国，但是直至鸦片战争前，均主要是西洋药物的传入。鸦片战争后，现代西方医学知识及技术开始大规模传入中国，亦有部分中国人在政府的支持下出国学医，待学成后再回国参与到西方医学知识的传播及医疗实践中。③

随着西方医学的传入，我国的医疗场域发生了翻天覆地的变化。从对

① 参见司马迁：《史记·扁鹊仓公列传》，北京燕山出版社2007年版，第2955页。

② 有学者指出，明清时期的医患关系已经开始紧张，但是由于医者规避责任、官府息事宁人、病者“医病不医命”的观念等，以及“礼德教化”的文化力量，使得医患关系总体比较稳定，呈现出“医病失信”却“纠纷罕见”的悖论现象。参见马金生著：《发现医病纠纷：民国医讼凸显的社会文化史研究》，社会科学文献出版社2016年版，第32—63页；石任昊：《国家卫生建设与医患纠纷生产——民国时期与当代的比较研究》，载《社会学评论》2022年第4期。

③ 参见马金生著：《发现医病纠纷：民国医讼凸显的社会文化史研究》，社会科学文献出版社2016年版，第120页。

疾病的诊疗角度讲，与传统中医注重宏观、整体的调整，以“望闻问切”为诊疗手段相比，西医注重微观、局部的治疗，以医疗器械、检测仪器以及人体解剖、麻醉、手术为诊疗手段。从医疗空间来讲，西医一改中医登门问诊的习惯，设立医院，医生在医院坐诊，由患者到医院这个公共空间就诊，在必要时亦需入院接受诊疗。从政府对医疗卫生的管理来讲，社会各阶层对国家介入医疗市场的呼声越来越高，医疗卫生在清末民初时被纳入到了国家管理之中，政府开始采用医学考试和司法手段的方式来规范医疗市场，卫生“制度化”进程开始。①

西方医学的传入不仅导致我国医疗场域发生了翻天覆地的变化，医患关系也因此发生了巨大的变化。无论中医还是西医，医生逐渐确立其权威及主导地位，患者的地位逐渐下降，不再主导二者的关系，在诊疗过程中亦不再享有最终决定权，医患关系紧张，医讼频发。②

首先，医学知识由大众化逐渐走向垄断。随着西方医学在中国逐渐站稳脚跟，中医也在不断反思。晚清开始，大量士人及中医开始呼吁“考试医学”。《皇朝经世文统编》中有多篇文章对“考试医学”有探讨，作者认为“各省不设医馆不考医学”是导致中医界混乱的原因，并对“考试医

---

① 参见马金生：《论民国初期北京地区的行医管理和医病关系》，载《北京社会科学》2011年第4期。

② 民国时期，医讼成为一个公共问题，不仅西医盛产医讼案，中医也常常面临医患纠纷。1934年甚至被时人称为“医事纠纷年”。参见马金生：《从医讼案看民国时期西医在华传播的一个侧面》，载《中国社会历史评论》2012年第1期；马金生：《自保、革新与维权——中医界对医患纠纷的认识和因应（1927—1949年）》，载《浙江学刊》2015年第3期；石任昊：《国家卫生建设与医患纠纷生产——民国时期与当代的比较研究》，载《社会学评论》2022年第4期。

学”制度该如何设计提出了自己的想法。[①]民国建立后，开始在全国范围内实施“考试医学”。以北京为例，1913年京师警察厅卫生处颁布的《取缔医生暂行规则》中规定“除了部分在专门医学堂领有毕业文凭，以及素有专长的医家可以继续行医外，其他业医者必须赴警署进行考试”。[②]由此，医学知识逐渐走向垄断，医生权威也相应得到提升。

其次，西方医学的医学伦理影响甚至改变了传统的中国医学伦理。在我国传统的医患关系中，医生由于处于被动地位，为了维护自己的名誉，往往会采取自保的行为，并非对所有的病患都会予以施救，特别是对于一些已经没有办法治愈或者患有疑难杂症的病患，为了规避责任会选择不予施治。[③]西方的医学伦理则认为病患与医生之间是通过契约的形式建立了一种托管关系，病患将自己的生命健康全权委托给医生，医生要对病患积极负责、尽全力医治。[④]西方医学这样的伦理观对中医的“择病”现象有重要影响，许多中医也开始呼吁要对病患积极诊疗，当然，许多中医也发现，这一医学伦理使得中医也面临与西医同样的医疗纠纷问题。[⑤]西方医学伦理的另一个表现是对病患的要求，即病患要尊

① 参见马金生著：《发现医病纠纷：民国医讼凸显的社会文化史研究》，社会科学文献出版社2016年版，第66—67页。

② 参见马金生著：《发现医病纠纷：民国医讼凸显的社会文化史研究》，社会科学文献出版社2016年版，第70—71页。

③ 参见雷祥麟：《负责任的医生与有信仰的病人——中西医论争与医病关系在民国时期的转变》，载李建民主编：《生命与医疗》，中国大百科全书出版社2005年版，第477页。

④ 参见马金生：《从医讼案看民国时期西医在华传播的一个侧面》，载《中国社会历史评论》2012年第1期。

⑤ 参见马金生：《自保、革新与维权——中医界对医患纠纷的认识和因应（1927—1949年）》，载《浙江学刊》2015年第3期。

重医生和医学知识，要对医生抱有信仰之心，绝对服从医生，在整个诊疗过程中，要有耐心且遵守相关规则。这样的“良好之病人”是医生对其负责并积极施治的前提条件，亦决定着其能否顺利痊愈。[①]西方医学理论中强调的“良好之病人”在传统的医病关系中是不可想象的。伴随着传统中医的不断革新，中医也开始强调病患应该听命并服从于医生，要对医生诚实。[②]

再次，中国民众对西方医学的诊疗方式及手段抱有疑虑，迟迟难以全盘接受，一旦产生预期之外的情况，就容易发生纠纷。尽管西方医学中的手术、麻醉术等技术给中国民众带来了新鲜感，其疗效之快，特别是其在眼科等中医不擅长的领域发挥的作用，亦让中国民众大为惊叹。[③]然而，中国民众对西医的诊疗手段仍然存有排斥感，认为其尽管疗效快，但却略显粗鲁、偏机械化，稍有不慎就会有生命危险。中国民众眼中西医的诊疗手段大多为脑热便用冰敷，身冷则生火，长疖直接用刀割。这样的诊疗手段尽管直截了当，但是，在当时的民众心中仍然对像开刀与冰敷这样的疗法充满了恐惧。特别是冰敷，几乎凡是用过冰敷治疗的医师，在发生医疗

① 参见马金生著:《发现医病纠纷：民国医讼凸显的社会文化史研究》，社会科学文献出版社2016年版，第122—123页。

② 参见马金生:《自保、革新与维权——中医界对医患纠纷的认识和因应（1927—1949年）》，载《浙江学刊》2015年第3期。

③ 比如，来中国的第一位新教医学传教士伯驾（Peter Parker）在广州开设的医院就是以眼科为主。根据当时的医疗报告，中国民众中患有眼疾的病患人数众多，且相当一部分已患病很长时间却无法被医治，其原因并非病因复杂，而是中医缺乏外科手术的治疗方法，此类疾病全部可以通过外科手术的方法治愈。参见古津贤、李大钦主编:《多学科视角下的医患关系研究》，天津人民出版社2009年版，第78页。

纠纷后都会被作为控诉理由。[①]医疗空间的改变亦使得病患被动地依附并听命于医生。我国传统的医疗空间是病患家，属于私人的封闭空间，病患的照顾亦由家属等实施，此种医疗空间为病患的主导创造了条件。西方医学的医疗空间是医院这一公共空间，对病患的看护亦由专门的医护人员进行。医疗空间由私人向公共的转化既能够很好地体现出医院“集约化”的优势，[②]又在无形中提升了医生的权威[③]。然而，中国民众对封闭的医院却充满了疑虑，往往不愿意入院治疗，若入院治疗未能实现预期的效果，医疗纠纷便因此而生。[④]

最后，政府对非法行医的打击及“业务过失”罪等相关司法条款的颁布，使民众认识到国家权力机构在其与医方纠纷中扮演的角色，进而积极向政府寻求帮助以维护其权益。西方医学的传入，不仅包括医疗技术、医学伦理等的传入，也包括对相关的行政法规的借鉴。民国建立后出台了各类卫生行政法规，包括一系列规范行医的规章条例。以北京为例，京师警察厅对非法行医的打击非常严厉，警员甚至会穿便服对非法行医进行私下

---

① 参见马金生：《从医讼案看民国时期西医在华传播的一个侧面》，载《中国社会历史评论》2012年第1期。

② 在西医的医院中可以一天诊治200—300个病人，而这在中医中是无法想象的。参见古津贤、李大钦主编：《多学科视角下的医患关系研究》，天津人民出版社2009年版，第80页。

③ 医院作为公共空间，需要有统一的秩序，不能任由病人自作主张。当病患脱离亲属入院后，便不得不听命于医生，由此，病患逐渐丧失了主导权。

④ 以1934年发生在上海红十字会医院的一则医疗纠纷为例，病患因伤寒而到上海红十字会第一医院就诊，医生家属要求病患入院疗养，病患却认为应在家静养，医患之间产生矛盾。在患者入院身亡后，病患家属一纸诉状对医生提起诉讼，认为入院治疗是导致患者死亡的原因。参见马金生：《从医讼案看民国时期西医在华传播的一个侧面》，载《中国社会历史评论》2012年第1期。

调查。[1]国家对非法行医的打击，某种程度上改变了我国病患一贯认为的“医病不医命”、宿命论、庸医终将受天谴等观念，开始积极追求医生的责任。除此之外，非与医疗卫生直接相关的部分司法条款的颁布，亦成为“医讼”大量增加的催化剂。比如，1928年《中华民国刑法》对“业务过失”的规定，成为病患和检察官起诉的重要依据；而与1928年《中华民国刑法》配套的《刑事诉讼法》中对自诉范围的扩大和对诉讼费用的减免，为普通百姓以诉讼的方式维护自身的权益提供了便利。[2]

西方医学的传入给我国的传统医学带来了极大的冲击，医学知识的垄断、不同医学伦理的影响、诊疗空间的转变以及政府对医疗市场的规范，使得医生权威不断上升，病患逐渐丧失主导地位，医患关系发生了巨大的变化。然而，普通民众对西方医学技术的疑虑，中西医的冲突，政府对非法行医的打击、对过失行医的关注以及对诉讼的支持等，使得医患矛盾急剧上升，医疗纠纷不断，医讼频发。

（四）当代医患关系

中华人民共和国成立后，我国开始整合中西医，[3]采取了“集体化

---

① 参见马金生：《论民国初期北京地区的行医管理和医病关系》，载《北京社会科学》2011年第4期。

② 参见马金生著：《发现医病纠纷：民国医讼凸显的社会文化史研究》，社会科学文献出版社2016年版，第104—118页。

③ 与民国时期政府鼓励支持西医的政策不同，“团结中西医”是此时卫生工作的四大方针之一。参见Victor W. Sidel，Ruth Sidel，*Serve the People: Observations on Medicine in the People's Republic of China*，转引自石任昊：《国家卫生建设与医患纠纷生产——民国时期与当代的比较研究》，载《社会学评论》2022年第4期。

医疗”的卫生政策，在城市实行单位医疗，在农村实行合作医疗。[①]所谓“单位医疗”是指国家通过以“单位”为基础的“公费医疗”[②]和“劳保医疗”[③]来实现医疗服务的行政化分级。这种体制下的病患要享受医疗福利政策，就医时就必须服从科层化的管理，而医生则相应地获得了科层化的权力，因此，医生与病患对公立医疗机构的依附程度均非常高，医患关系较为稳定。[④]所谓“合作医疗”，也是一种集体医疗保健制度，即合作社的社员通过缴纳一定的费用可以免费享受预防保健服务，也可以在本社的保健站看病时享受一定的价格优惠。[⑤]由于当时的农民必须依附于人民公社，而公社的卫生员、兼职的乡村卫生人员[⑥]等收入由集体或国家规定，医疗成本保持在较低的水平上，“合作医疗”制度下的医生与病患之间的关系实现了“现代卫生行政与民间亲情网络的柔性接续”，医患关系较为稳定和谐。[⑦]无论是城市的单位医疗还是农村的合作医疗，此时的医疗政策体现出“医疗国家化”的特

---

① 参见石任昊:《国家卫生建设与医患纠纷生产——民国时期与当代的比较研究》，载《社会学评论》2022年第4期。

② 公费医疗是对国家机关、事业单位工作人员实行的免费治疗和预防疾病的一种福利制度。参见郑功成等著:《中国社会保障制度变迁与评估》，中国人民大学出版社2002年版，第120页。

③ 劳保医疗是针对国有企业职工实施的一种免费治疗和预防疾病的福利制度。参见郑功成等著:《中国社会保障制度变迁与评估》，中国人民大学出版社2002年版，第122页。

④ 参见石任昊:《国家卫生建设与医患纠纷生产——民国时期与当代的比较研究》，载《社会学评论》2022年第4期。

⑤ 参见顾昕、方黎明:《自愿性与强制性之间——中国农村合作医疗的制度嵌入性与可持续性发展分析》，载《社会学研究》2004年第5期。

⑥ “兼职的乡村卫生人员”即为“赤脚医生”。

⑦ 参见石任昊:《国家卫生建设与医患纠纷生产——民国时期与当代的比较研究》，载《社会学评论》2022年第4期。

点，尽管在诊疗过程中医生仍然处于主导地位，医患关系之间整体较为和谐稳定。

改革开放以后，我国的医疗政策由“医疗国家化”转为“医疗市场化”，对医疗体制进行市场化改革。就医院而言，改革的核心思想包括“放权让利”“扩大医院自主权”“只给政策不给钱”等。据此，财政减少了对医院的补贴，医院为生存，不得不想办法追逐营利，出现了“以药养医”“看病贵”等情形。①与此同时，基层医院由于资源分配不均，医护薪酬的长期走低，优秀人才的不断流失，加上公立医院的垄断，私立医院难以分摊病患，导致病患无论大病小病，都扎堆在公立大医院，“看病难”的现象亦无法避免。②就病患而言，社会化医疗保险制度的改革导致中国普通民众被“推出”了国家的医疗保障体系，无论是城市的基本社会医疗保险，还是农村的新型农村合作医疗保险，其覆盖的人数都非常低，病患在享受就医自由的同时，需要承担高昂的医疗费用。③与此同时，伴随着“以患者为中心”的医疗服务理念在全球范围内的兴起，④患者权利意识不断加强，医患关系渐趋紧张，医患间信任缺失、对立与对抗突出，甚至

---

① 据统计，1998年至2011年间，医院总收入的90%需要从医疗服务和药品器械中赚取。参见姚泽麟：《近代以来中国医生职业与国家关系的演变——一种职业社会学的解释》，载《社会学研究》2015年第3期。

② 参见萧易忻：《中国医疗体制转型中的“双向运动”》，载《文化纵横》2016年第5期。

③ 参见石任昊：《国家卫生建设与医患纠纷生产——民国时期与当代的比较研究》，载《社会学评论》2022年第4期。

④ 第二次世界大战中轴心国进行的惨无人道的医学试验使得人们开始深刻反思父权主义的医患关系，患者权利、患者的主体性、患者的人格尊严等成为世界性的话题。参见王岳主编：《医事法》，人民卫生出版社2019年版，第22页。

出现暴力化倾向[①]。2019年12月新冠肺炎感染发生，为我国医患关系的缓和提供了契机，广大医务工作者主动请缨，奋战在抗击疫情的第一线，病患及家属也能够充分尊重和理解医务工作者，对其高度信任。但是，也有学者指出新冠肺炎感染并不会改变医患关系的本质，如若不消除医患关系紧张的根源，新冠肺炎感染后，医患关系紧张、冲突的局面还会再出现。[②]事实上，即便是在疫情期间，暴力伤医甚至是杀医等极端事件在全国范围内仍时有发生，[③]充分体现出医患关系所面临的困境。

二、医患关系在西方的历史沿革

西方医学的起源可以被追溯至古希腊。[④]古希腊和古罗马时期的医学认为，神的介入和影响较多。太阳神阿波罗（Apollo）被认为是医疗技术的创造者，其医术后被传给其半人半神的儿子阿斯克勒庇俄斯（Asclepius），后者成为希腊至高无上的医神。古希腊的著名医生，被称

---

① 比如，2019年12月发生的北京民航总医院杨文医生被患者家属恶性伤害，抢救无效身亡事件；2020年1月发生的北京朝阳医院陶勇医生被患者伤害事件等。

② 参见蒋丽、沙莎：《突发公共卫生事件下共建和谐医患关系的审思》，载《中国卫生事业管理》2021年第8期。

③ 比如，2020年2月，江苏省建湖县上冈镇草堰口卫生院的一名值班医生因提醒患者家属戴口罩并劝阻其吸烟而被殴打受伤；2020年3月，湖北省汉川市人民医院一名医生被打伤，内蒙古鄂尔多斯中心医院血透室医生被患者砍伤；2020年10月，马鞍山市人民医院有医生被患者家属殴打，广州中山三院医生被患者砍伤。参见清华大学社会学系、清华大学社科学院中国社会调查与研究中心、中国医师协会人文医学专业委员会编：《2021医师调查报告》，2021年4月，第1页。

④ 大约在1570年，巴塞尔大学的内科医生兼医学教授特奥多尔·茨温格（Thcodor Zwinger）指出西方的医学技艺的鼻祖可以追溯到古希腊时期，该观点得到了普遍认可。参见［英］罗伊·波特主编：《剑桥医学史》，张大庆等译，译林出版社2022年版，第49—50页。

为“医学之父”的希波克拉底，其父系一族的祖先传说可以追溯到阿斯克勒庇俄斯，其母系一族的祖先则可以追溯到赫拉克勒斯（Hercules）。[①]在这个时期，医生对疾病的治疗并不会拒绝神的介入，也有许多病患选择到神殿接受治疗。[②]尽管如此，医学并非完全与神学、巫术等融合为一体，比如，希波克拉底就强调在向神祈祷前要先自我帮助，认为医生要了解人体结构，要关注饮食、生活方式等与健康的关系。[③]解剖学知识也在这个阶段有重要的发展。比如，被称为“科学解剖学之父”的希洛菲拉斯（Herophilus）对脑和脊髓有系统的研究，是第一位将大脑与小脑区分开的人。几乎与其同时代的埃拉锡斯特拉特（Erasistratus）将人体结构观察与功能研究结合起来，建立起解剖生理学体系。[④]在西方医学史中被誉为“医圣”的盖伦（Galenus）对解剖学颇有研究，撰写了有史以来第一部系统研究人体解剖的著作《论解剖规程》。[⑤]

整体来讲，此时期的医患关系中患者享有更多的自主权，医生群体内部存有一定竞争。罗伊·波特（Roy Porter）对其作出了如下描述：“在这样一个医疗活动的市场上，每一个卖主都可以兜售自家商品，与对手相互竞争或者相互合作，而选择权则交给每个患者。在这种情况下，良

---

① 参见［美］洛伊斯·N.玛格纳著：《医学史》，刘学礼主译，上海人民出版社2017年版，第74—75页、第78页。

② 比如，病患会到阿斯克勒庇俄斯神殿中过夜，希望能够在梦中接受阿斯克勒庇俄斯或其祭司转达的治疗。参见［英］罗伊·波特主编：《剑桥医学史》，张大庆等译，译林出版社2022年版，第55页。

③ 参见［美］洛伊斯·N.玛格纳著：《医学史》，刘学礼主译，上海人民出版社2017年第2版，第79页。

④ 参见张大庆著：《医学史十五讲》，北京大学出版社2020年版，第64—66页。

⑤ 参见王振国、张大庆主编：《中外医学史》，中国中医药出版社2016年版，第51页。

好的行医规则就须既符合医学伦理，又符合市场需求；既注重医生的有效治疗，又要区分有效治疗与其他存疑或无用的治疗。”①以希波克拉底式的医生为例，首先，医生诊治病患时要看重病患本身而非疾病；其次，医生要灵活地掌握疾病的诊治原则；最后，医生需要遵守医疗伦理的最高标准。②

中世纪时期，特别是在中世纪早期，瘟疫流行，医生却未能起到很好的作用。面对死亡，人们求医无望，只得向神灵求救。因此基督教兴起，宗教开始占领医学，神秘主义和魔术医学再度兴起，信仰疗法成为此时奉行的医疗方法，由经受过严格考验、承受过苦痛折磨的信徒担任医师。③与此同时，医学知识也不再开放，全部由基督教会掌管，医生在修道院学习接受培训。直到11世纪，这样的状况才开始在意大利南部的萨勒诺地区发生变化。④萨勒诺地区有一所与教会少有关系的世俗机构——萨勒诺医学校，该学校营造了开放的学习环境，医生、学者和学生之间可以自由讨论，被认为是文艺复兴的摇篮之一。⑤到15世纪，欧洲建立起了许多高等教学机构，医学从此进入大学。⑥大学医学的发展促成

① ［英］罗伊·波特主编：《剑桥医学史》，张大庆等译，译林出版社2022年版，第54页。

② 参见［美］洛伊斯·N.玛格纳著：《医学史》，刘学礼主译，上海人民出版社2017年版，第79—81页。

③ 参见王振国、张大庆主编：《中外医学史》，中国中医药出版社2016年版，第71—72页；又可参见张大庆著：《医学史十五讲》，北京大学出版社2020年版，第74—78页。

④ 参见［英］罗伊·波特主编：《剑桥医学史》，张大庆等译，译林出版社2022年版，第66—67页。

⑤ 参见王振国、张大庆主编：《中外医学史》，中国中医药出版社2016年版，第104页。

⑥ 参见［英］罗伊·波特主编：《剑桥医学史》，张大庆等译，译林出版社2022年版，第69页。

了医学的建制化，从12世纪开始，只有经过医学院学习的毕业生才允许从事医生职业，对保证医生行业的规范化，提升医生的社会地位有重要作用。①

基督教信仰的传播与普及给中世纪医学带来的另一个变化是医院的出现。基督教奉行慈善为至高德行，其以爱、侍奉和救赎之命去照顾那些需要帮助的人，包括身患疾病之人，推动了医院的建立。当然，中世纪时期的医院与宗教联系紧密，大多依附于教堂或修道院，与拼命救治病患相比，让病患在接受圣礼后在恩典中死去更为重要。②

中世纪时期，伴随着医学知识的垄断、大学医学的发展以及医院的出现，医生开始由行业向专业转变。在医患关系中，医生的权威及主导地位开始提高，但总体来讲，病患仍有相当大的自主空间，病患自我感觉到的症状仍是医生关注的重点，只不过医生开始期望病患能够言简意赅，且服从医生的治疗方案。③

欧洲文艺复兴运动带来了工业革命，推动了科学的发展，伴随着解剖学和生理学的进一步发展以及进化论、细胞学说的提出，西方医学开始以物理、化学为研究手段，对疾病本身进行研究，探究疾病的致病因素，逐渐形成了生物医学。生物医学的形成使得医患关系发生了重要的变化。由于对疾病的定义发生了改变，医生在诊疗过程中，不再关注病患感觉到的

① 参见张大庆著：《医学史十五讲》，北京大学出版社2020年版，第83—84页。

② 参见［英］罗伊·波特主编：《剑桥医学史》，张大庆等译，译林出版社2022年版，第204—206页。

③ 参见Annie Cushing, History of the Doctor–Patient Relationship, in Jo Brown et al. (eds), *Clinical Communication in Medicine*, John Wiley & Sons, Ltd, 2016, p. 6；又可参见杨念群著：《再造“病人”：中西医冲突下的空间政治（1832—1985）》，中国人民大学出版社2006年版，第389—390页。

症状，而是关注各类仪器检测后得到的结果。在这样的背景下，即便是一位充满爱心的医生，其所受到的专业训练也会使其由关注病患本身转为关注各种检验数据。由此，医生在医患关系中享有绝对主导权，病患的“自主性”逐渐消失，[①]对自己所患的疾病完全无能为力，只能被动地听从医生的安排。[②]医患关系渐趋紧张，矛盾不断。

到20世纪，美国学者乔治·恩格尔（George L. Engel）提出生物—心理—社会医学模式。恩格尔认为生物医学模式存在一定的缺陷，心理和社会因素对疾病的发生和发展亦有重要影响。为了更好地理解疾病的致病因素、提出合理的治疗方案及医疗保健方案，要以患者为中心，结合患者的心理状态、周围的社会环境，综合考虑患者的致病因素。[③]生物—心理—社会医学模式要求医生同时注重患者的身体健康及心理健康，在治疗疾病的同时，要了解患者的家庭状况、日常生活、重要经历、宗教信仰及患者现在和未来的生活状态等，使患者身体恢复健康仅仅是医学的目的之一，使患者能够适应所处环境，成为有用的社会成员，也是医学的目的之一。[④]与此同时，患者权利运动进一步发展，一批以保护患者权利为主旨的国际

---

① 亦有学者将其描述为病患“话语权”的消失。参见陈勇：《从病人话语到医生话语——英国近代医患关系的历史考察》，载《史学集刊》2010年第6期。

② 参见Annie Cushing, History of the Doctor–Patient Relationship, in Jo Brown et al. (eds), *Clinical Communication in Medicine*, John Wiley & Sons, Ltd, 2016, p. 7；又可参见杨念群著：《再造“病人”：中西医冲突下的空间政治（1832—1985）》，中国人民大学出版社2006年版，第389—390页。

③ 参见George L. Engel. The Need for a New Medical Model: A Challenge for Biomedicine. Science. 1977. P.4。

④ 参见《贯彻全科医学理念　践行全科医疗——谈生物—心理—社会医学模式》，载《中国全科医学》2018年第14期。

文件相继出现。[①]各国也开始以立法的方式对患者权利加以保护。[②]面对已经充满对立的医患关系以及大量的医疗纠纷，[③]如何缓解医患矛盾，重塑良好的医患关系是这一时期的关注重点。

三、数字时代中的医患关系

1973年，马丁·库珀（Marty Cooper）发明商用移动电话。20世纪90年代，互联网技术进入飞速发展阶段，到2022年，根据国际电信联盟（International Telecommunication Union，ITU）的数据统计，全球互联网用户有将近53亿。[④]进入21世纪，科学家们完成了人类基因组60亿个碱基的测序工作，数码设备开始飞速发展，以马克·扎克伯格（Mark Zuckerberg）创立的“脸书（Facebook）”为代表，社交网络走进人们的生活中。

美国著名心血管专家埃里克·托普（Eric Topol）认为移动电话、个人计算机、互联网技术、数码设备、基因测序和社交网络是20世纪、21世纪非常重要的六大科技进步，而这六大科技进步的融合促成了医学的重大转

① 比如1946年颁布的《纽伦堡法典》、1948年颁布的《日内瓦宣言》、1949年颁布的《国际医学伦理守则》、1981年颁布的《里斯本宣言》等。

② 比如《芬兰患者地位与权利法》、《德国患者权益改善法》、《美国患者自主决定法》、《英格兰全民医疗体系章程》等。

③ 医疗纠纷问题在美国历史上曾被比作“法律战争中的越南战争”。参见Thomas B. Metzloff, “Understanding the Malpractice Wars” 106 the *Harvard Law Review*, 1169 (1993)。

④ 参见*Measuring Digital Development: Facts and Figures 2022*, International Telecommunication Union Telecommunication Development Sector, available at https://www.itu.int/itu-d/reports/statistics/facts-figures-2022/（Last visited on February 27，2023）。

折，“在不经意间，构建起了对于传统医疗意义深远的数字化破坏”。[①]

数字时代对传统医疗的第一个转变是医疗与健康的信息来源正在逐渐远离医师。通过互联网和社交网络，患者也可以非常容易地获得关于其所患疾病的各类信息，对于许多慢性病患者来说，即便其刚患病时掌握的专门知识比医师少，但随着患病时间的增长，患者掌握的专门知识甚至可能超过医师。由此，患者开始有了挑战医师权威的自信。[②]许多研究记录表明，只有50%的患者会切实地遵循医师开具的处方用药。[③]

数字时代对传统医疗的第二个转变是医疗信息技术的应用。医疗信息技术应用的表现之一是病历的电子化。现代医学对科室和专业的不断细分使得患者从进入医院开始就成为医院这个工厂流水线上的物品，从一个科室到另一个科室，病历的电子化方便不同医师之间的信息共享，进而提升医疗质量，避免医疗事故。[④]医疗信息技术应用的另一个表现是医疗信息技术系统。医疗信息技术系统可以在医师诊疗时提醒医师注意药物的过敏反应、提供医疗措施的建议等。[⑤]

---

① 参见［美］埃里克·托普著：《颠覆医疗：大数据时代的个人健康革命》，张南、魏薇、何雨师译，电子工业出版社2014年版，第3—6页。

② 参见［英］格雷著：《聪明的病人》，秦颖、唐金陵译，北京大学医学出版社2006年版，第7—10页。

③ 参见［美］埃里克·托普著：《颠覆医疗：大数据时代的个人健康革命》，张南、魏薇、何雨师译，电子工业出版社2014年版，第58页。

④ 参见Jennifer Vanderminden, Sharyn J. Potter, “Challenges to the Doctor–Patient Relationship in the Twenty–First Century”, William C. Cockerham (ed), *The New Blackwell Companion to Medical Sociology*, Blackwell Publishing Ltd, 2010, p.362。

⑤ 参见［美］埃里克·托普著：《颠覆医疗：大数据时代的个人健康革命》，张南、魏薇、何雨师译，电子工业出版社2014年版，第178—179页。

数字时代对传统医疗的第三个转变是诊疗方式的转变。互联网的发展使得患者可以通过电子邮件、应用软件、小程序等与医师实现线上的问诊。远程医疗技术的发展更是使得医师可以不与患者直接接触，仅通过操纵杆就可实现对机器人的指挥为患者实施手术，比如，达·芬奇手术机器人。

数字时代在对传统医疗带来转变的同时，也使得医患关系发生了变化。首先，医师的权威受到挑战，医师不再是高高在上的神一般的人物。伴随着越来越多“学习型病患”的出现，患者在问诊时往往带着一大堆从互联网上获取的信息，期望医师能够给予解答，甚至是以自疗的方式沉默抵抗医师的医疗方案。[①]然而，部分医师并未意识到医疗领域发生的变革，仍想要驾驶着“双翼飞机”进入“喷气时代”，全然不知随时都有“坠机”的危险。[②]其次，患者与医师之间的距离越来越远。医疗信息技术等高科技技术的应用尽管带来了一定的便利，但是也导致医患之间的交流减少。电子病历系统使得医师与患者之间的交流变成了医师与电脑之间的交流，整个诊疗过程中，医师全程盯着电脑屏幕而非患者，导致患者觉得并未受到尊重，特别是当患者已经候诊一个多小时，而与医师的见面却不到10分钟时，这种负面的感受更容易被激化。[③]最后，医患关系从“人—人”关系开始向“机—人”关系转变，伴随着医疗时代的人工智

① 参见董丽云、邓玮：《标准医生、百度病患与阐释—交往性医疗图景——技术语境下的医患关系个案研究》，载《探索与争鸣》2022年第4期。

② 参见［美］埃里克·托普著：《颠覆医疗：大数据时代的个人健康革命》，张南、魏薇、何雨师译，电子工业出版社2014年版，第219页。

③ 参见［美］埃里克·托普著：《颠覆医疗：大数据时代的个人健康革命》，张南、魏薇、何雨师译，电子工业出版社2014年版，第185—186页。

能化，医师的诊断往往以大数据、影像技术、远程医疗等为依据，且不敢超越这个系统，医患关系中的“医”不再代表医师，更多体现的是“医疗仪器”。[①]

① 参见董丽云、邓玮：《标准医生、百度病患与阐释—交往性医疗图景——技术语境下的医患关系个案研究》，载《探索与争鸣》2022年第4期。

第二节　社会角色理论视角下的医患关系

在日常生活中，存在因各种需要而进行的社会互动，其中大多数的社会互动属于社会角色之间的互动。社会角色理论是社会学基本理论之一，[①]本部分将以社会角色理论为研究视角，从患者角色和医师角色的角度出发，就医患关系展开分析。

一、社会角色理论的概述

社会角色理论起源于戏剧，一些社会学家认为既然演员依据剧本来表演，由此可以区别和预测戏剧中的不同演出，那么，在其他情况下，可以相信某种社会行为的表现也是与社会演员（即个人）依据其所理解的社会剧本相关联的。于是，一些社会学家便从戏剧中借用了“角色（role）”一

① 社会角色理论是社会科学领域中非常流行的理论之一。该理论为许多社会问题的研究提供了视角，在社会学和社会心理学的教材中有许多关于该理论的应用，亦有大量的文章及定期的集刊就该理论进行探讨与研究。参见B.J. Biddle, “Recent Developments in Role Theory”, 12 the *Annual Review of Sociology*, 67–92 (1986)。

词用以研究社会现象、社会问题等。[①]

社会角色是指与人们的某种社会地位、身份相一致的一整套权利、义务的规范与行为方式，它是人们对具有特定身份的人的行为期望，是构成社会群体或组织的基础。[②]

根据不同的分类标准，可将社会角色进行不同的划分，其中比较常见的有如下四种：[③]

第一，先赋角色与自致角色。先赋角色与自致角色是根据人们获得角色的方式的不同进行的划分。先赋角色，又称归属角色，是指建立在血缘、遗传等先天或生理的因素基础上的社会角色。比如说汉族家庭出身的孩子，生下来就是汉族。自致角色，又称成就角色、自获角色，是指通过个人的活动与努力而获得的社会角色。

第二，自觉的角色与不自觉的角色。自觉的角色与不自觉的角色是根据人们承担社会角色时的心理状态的不同进行的划分。自觉的角色，是指人们在承担某种角色时，明确意识到了自己正担负着一定的权利、义务，意识到了周围的人都是自己所扮演的角色的观众，因而努力用自己的行动去感染周围的观众。不自觉的角色，是指人们在承担某一角色时，并没有意识到自己正在充当这一角色，而只是按习惯性行为去做。一般来讲，人们在刚扮演某个社会角色时，会扮演自觉的角色，但是，在扮演某一角色时间长了以后，会存在从自觉的角色向不自觉的角色转化的情况。

---

① 参见B.J. Biddle, “Recent Developments in Role Theory”, 12 the *Annual Review of Sociology*, 67–92 (1986)。

② 参见郑杭生主编：《社会学概论新修》，中国人民大学出版社2019年版，第161页。

③ 参见郑杭生主编：《社会学概论新修》，中国人民大学出版社2019年版，第162—163页。

第三，规定性角色与开放性角色。规定性角色与开放性角色是根据社会角色规范化程度的不同进行的划分。规定性角色是指有比较严格和明确规定的角色，即对此种角色的权利与义务、应当做什么和不应当做什么都有明确规定。比如，警察、法官等。开放性角色，是指那些没有严格、明确规定的社会角色。比如，朋友、同学等。

第四，功利性角色与表现性角色。功利性角色与表现性角色是根据社会角色追求的目标的不同进行的划分。功利性角色是指那些以追求效益和实际利益为目标的社会角色。比如以营利为目标的商人、企业家等。表现性角色是指不以获得经济上的效益或报酬为目的，而是以表现社会制度与秩序，表现社会行为规范、价值观念、思想道德等为目的的社会角色。比如，警察、法官、教师等。

每个人在社会中都承担着某种或多种社会角色，并需要在社会中将其所承担的角色扮演和表现出来。[①]具体来讲，首先，要确定承担的角色。正如同戏剧表演中的演员要先进行试镜一样，社会角色的确定也需要事先考量其所处的地位、身份、能力等是否与其所承担的社会角色一致。其次，要将角色表现出来。与戏剧表演中需要服装、布景、道具等一样，社会角

---

① 社会角色理论中将其称作社会角色的扮演和社会角色的表现。所谓社会角色的扮演是指一个人具备了充当某种角色的条件，去担任这一角色，并按这一角色所要求的行为规范去行动。所谓社会角色的表现，是人们对角色扮演者的认知和接受过程，即通过一系列环节使人们真正相信某人正在扮演某一角色。参见郑杭生主编：《社会学概论新修》，中国人民大学出版社2019年版，第163—165页。也有学者将这一过程称为角色学习的过程或一个人社会化的过程。即，个人通过学习了解自己在群体或组织中所处的社会地位，掌握角色的行为模式，学会遵循一系列的权利和义务规范，领悟群体和社会对自己所承担角色的期待。参见《社会学概论》编写组编：《社会学概论》，人民出版社2020年版，第85页。

色的表现也需要服装、道具，同时还需要通过承担社会角色的个人的仪表与言谈举止来体现。最后，要不断地建构角色。社会角色扮演者要知悉社会及他人对其所扮演角色的期望，同时要不断加深个人对所扮演角色的认识、理解与领悟，并在实际行动中将其表现出来。①

人们在社会角色的扮演中，可能会发生角色失调。其中，比较常见的角色失调的表现有如下五种：一是角色距离。角色距离是指角色扮演者的实际表现达不到社会对该角色的期望与规范的要求。角色距离的存在极有可能引发不同角色之间的冲突。二是角色冲突。角色冲突包括不同角色承担者之间的冲突，也包括角色内部的冲突，即当一个人同时承担多种角色时，其所承担的不同角色之间的矛盾与冲突。三是角色不清。角色不清即社会大众或角色的扮演者对某一角色的行为标准不清楚，不知道这一角色应该做什么、不应该做什么和怎样去做。四是角色中断。角色中断是指一个人前后相继所承担的两种角色之间发生了矛盾的现象。比如其在承担前一种角色时未能为后一种角色做好准备，或前一种角色的行为规范与后一种角色的行为规范相冲突。五是角色失败。角色失败即角色扮演者因为某种原因而导致继续扮演某种角色困难重重或不能再继续扮演某种角色。比如，公司破产后失业的员工。②

二、患方角色与医方角色

1951年，美国社会学者塔尔科特·帕森斯提出“患者角色（sick role）”

① 参见郑杭生主编：《社会学概论新修》，中国人民大学出版社2019年版，第163—165页。

② 参见郑杭生主编：《社会学概论新修》，中国人民大学出版社2019年版，第166—167页。

的概念，开启了运用社会角色理论分析医患关系的研究先例。本部分以患方中的患者和医方中的医师为主要研究对象，从患者角色和医师角色两个方向展开分析。

（一）患者角色

患者角色的概念最早由帕森斯提出，他认为人们在生病时，除了考虑个体的感受，还需要了解社会对他们的期望是什么，即患者在生病时需要采取一定行为来降低疾病对于社会的破坏性影响。[①]帕森斯认为，患者角色有四个基本标准。第一，患者并不因患病而需对其所扮演的其他社会角色的能力不足承担责任；第二，患者享有一定的特权，包括免除其所扮演的其他社会角色的一些正常职责；第三，患者必须积极主动地期望恢复健康；第四，患者必须配合且听取医师的建议。[②]

帕森斯提出的患者角色的概念影响深远，[③]后来的社会学家对其进行了进一步的深入研究。埃利奥特·弗里德森（Eliot Freidson）根据疾病的类型对患者角色进行了划分。弗里德森认为帕森斯提出的患者角色概念仅适

---

① 参见［英］安东尼·吉登斯、菲利普·萨顿著：《社会学》，李康译，北京大学出版社2021年版，第541页。

② 参见Talcott Parsons, “The Sick Role and the Role of the Physician Reconsidered”, 53 the *Milbank Memorial Fund Quarterly Health and Society*, 257–278 (1975)；又可参见Howard Waitzkin, Barbara Waterman, “Social Theory and Medicine”, 6 the *International Journal of Health Services*, 9–23 (1976)。

③ 亦有学者对帕森斯提出的患者角色概念提出了批评，认为其夸大了患者与医师之间的一致性，很多时候，患者与医师之间会存在意见相左，甚至冲突的情况。面对此种情况，帕森斯的患者角色概念并没有办法解释。参见J.T. Young, “Illness Behaviour: A Selective Review and Synthesis”, 26 the *Sociology of Health & Illness*, 1–31 (2004)。

用于急性病且可康复的患者，即有条件的患者角色（conditional sick role）。针对患有慢性病或患有无法治愈疾病的患者，并不适用于帕森斯提出的患者角色概念，因为此类患者并不一定能康复，弗里德森将此类患者概括为无条件合法的患者角色（unconditionally legitimate sick role）。除此之外，弗里德森认为还存在一类患者角色属于非法的患者角色（illegitimate sick role），此类患者患有的疾病属于被污名化的疾病，其患病大多是由于个人不健康的生活习惯，比如吸烟、酗酒、不良饮食等。此时，社会对其的期待并不一定包括正常职责的减免等。[①]

所谓患者角色，是指承担着患病者应有的权利与义务的，与医师角色相对应的一种社会角色。[②]从角色的分类来讲，患者角色属于自致角色、自觉的角色和开放性角色。首先，患者角色属于自致角色。一般来讲，除了先天和遗传因素导致人一出生即患病以外，其余患者角色均属后天获得的，与其扮演者的个人活动有关。其次，患者角色属于自觉的角色。因为病人角色的出现总是在特定的环境下，且有特定的观众，会使病人以自觉的角色状态出现。最后，患者角色属于开放性角色。就患者角色的表现并没有明确的规定，患者角色的表现会因为每个个体而不同，即便是同一个个体，其在不同的病程也会有不同的表现。[③]

---

① 参见［英］安东尼·吉登斯、菲利普·萨顿著：《社会学（第八版）》，李康译，北京大学出版社2021年版，第542页；又可参见Sol Levine, Martin A. Kozloff, “The Sick Role: Assessment and Overview” , 4 the *Annual Review of Sociology*, 317-343 (1978)。

② 参见古津贤、李大钦主编：《多学科视角下的医患关系研究》，天津人民出版社2009年版，第202页。

③ 参见古津贤、李大钦主编：《多学科视角下的医患关系研究》，天津人民出版社2009年版，第202—203页。

患者角色有其自身的特殊性。首先，患者角色大多会存在焦虑、急躁情绪，因为患者总是希望能迅速恢复健康，从患者角色中脱离出来；其次，患者角色具有复杂性特点，由于患者角色属于开放性角色，其角色的表现因个体不同而不同，使得患者角色体现出复杂性的特点；最后，患者角色过分关注医师角色的义务，社会以及患者自己往往会将患者定位于弱者，需要医务人员的关怀和帮助，使得患者角色十分关注医师角色义务的履行。①

（二）医师角色

帕森斯在提出患者角色的概念的同时，也指出了与患者角色相对应的医师角色。帕森斯认为与患者相比，医师通过训练及实践，在医学知识及医疗技能方面是专家，再加上医师对其患者的照护有特殊的注意义务，导致医师角色与患者角色的角色模式并不对称。②针对患者角色的基本标准，医师角色的主要表现之一是提供患者确实生病，进而有权享受相应特权的证明。③

所谓医师角色，是指在医患关系中占据主导地位，并遵从着与诊断、治疗相关的职业规范，通过一定的行为模式对病人负责的群体。④从角色

① 参见古津贤、李大钦主编:《多学科视角下的医患关系研究》，天津人民出版社2009年版，第203页。

② 参见Talcott Parsons, “The Sick Role and the Role of the Physician Reconsidered”, 53 the *Milbank Memorial Fund Quarterly Health and Society*, 257–278 (1975)。

③ 参见Arthur W. Frank, “From Sick Role to Practices of Health and Illness”, 47 the *Medical Education*, 18–25 (2013)。

④ 参见古津贤、李大钦主编:《多学科视角下的医患关系研究》，天津人民出版社2009年版，第203页。

的分类来讲，医师角色属于自致角色、自觉的角色、规定性角色和表现性角色。首先，医师角色属于自致角色。医师角色的获得需要经过专业学习及培训并最终通过考试，均属于个人后天通过活动、努力而获得的，因此属于自致角色。其次，医师的角色属于自觉的角色。鉴于医师职业治病救人的特殊性，医师在通过其自身努力而获得医师角色的同时，就清楚地知道其所享有的权利与义务，因此属于自觉的角色。再次，医师的角色属于规定性角色。医师的诊疗以及医师执业的行为规范、权利义务均有明确的诊疗规范以及法律法规的规定，因此，医师的角色属于规定性角色。最后，医师的角色属于表现性角色。医师的职业并非以营利为目的，而是要求其履行治病救人的职能，在此过程中，体现医学人道主义及社会公平，因此，医师角色属于表现性角色。①

医师角色的特殊性主要表现在：第一，医师角色的角色行为涉及生命健康，治病救人是医师角色最基本的职能；第二，医师角色的角色扮演准备期长，医师必须有精湛的医术和高尚的医德，为此，医师需要经过长时间的学习与实践；第三，医师角色的角色情感应理智公正，对医师来讲，不论患者对医师的情感是好还是坏，医师都需要对患者一视同仁，同时，医师对患者超乎寻常的感情和不正常的表现应理智对待，不能因此影响正常的治疗；第四，医师角色的角色规范明确严格，无论是我国还是西方发达国家，均通过法律法规以及诊疗规范对医师角色的权利义务进行了明确且严格的规制。②

---

① 参见古津贤、李大钦主编：《多学科视角下的医患关系研究》，天津人民出版社2009年版，第204页。

② 参见古津贤、李大钦主编：《多学科视角下的医患关系研究》，天津人民出版社2009年版，第204—205页。

（三）患者角色与医师角色的角色失调

站在社会角色理论的视野下看医患关系，可以发现存在一定的角色失调，导致医患关系紧张、医疗纠纷频发。

首先，患者角色与医师角色均存在角色不清问题。如前所述，角色不清是指社会大众或角色的扮演者对某一角色的行为标准不清楚，不知道这一角色应该做什么、不应该做什么和怎样去做。市场经济体制的确立，生物医学模式的产生，互联网、数字技术等高科技的飞速发展，使得患者角色和医师角色都发生了一定的变化，进而导致患者角色与医师角色均出现了角色不清的问题。比如，医师的从业目的为何，医师是否应考虑所在医院的经济效益，患者是否应完全听从医师的诊疗建议等。

其次，患者角色与医师角色的角色不清问题进一步发展为角色距离问题。由于患者角色与医师角色均存在角色不清的问题，导致患者角色与医师角色的实际表现与社会对其的期望与规范不同。比如，当今社会对医师的期望除治病救人，为患者开出诊疗方案以外，还希望医师在诊疗过程中能够尊重、关心患者，能够对所患疾病进行详细的解释，对诊疗方案的风险以及替代方案进行详细的说明，同时还希望通过医师了解医疗保健的相关知识。而医师的实际表现往往是仅仅扮演专家的角色，在诊疗过程中，服务态度差，怠于与患者进行沟通，对患者敷衍塞责等。反之亦然，医师期望的患者是听话的、配合的、尊重医师的，但实际中的患者表现亦存在一定的差距，甚至存在伤医、杀医事件。

最后，患者角色与医师角色均存在角色冲突问题。患者角色与医师角色中的角色距离问题直接导致了患者角色与医师角色之间的角色冲突问题，本应以疾病为共同敌人的医师与患者互相视对方为敌人，互相防备，频发的医疗纠纷是该问题的直接表现。除此之外，患者角色与医师角色往往是角色扮演者扮演的诸多角色中的一种，使得角色内部亦存在冲突问题。

第三节　共情理论视角下的医患关系

共情理论是心理学中的一个非常重要的理论，其被认为在医患沟通中具有不可置疑的重要地位，[①]进而对改善促进医患关系有重要作用。[②]本节从共情理论的历史发展出发，探究共情理论视野下的医患关系。

一、共情理论的概述

共情（Empathy，Feeling into），又称移情，从词源角度上来看，可以追溯至希腊词ε′μπαθεια′，由ε′ν和παθο两个词根组成，意为“对肉体的迷恋、激情和偏爱”。[③]1873年，德国学者赫尔曼·洛兹（Hermann

① 参见Frans Derksen, Jozien Bensing and Antoine Largo-Janssen, “Effectiveness of Empathy in General Practice: A Systematic Review”, 63 the *British Journal of General Practice*, e76 (2013)。

② 参见Win May, “Maintaining Empathy in Medical Education”, 35 the *Medical Teacher*, 977 (2013)。

③ 参见邓文华、胡蓉:《心灵哲学的医学人文关怀：共情说的回归》，载《医学与哲学》2017年第6A期。

Lotze）和罗伯特·费歇尔（Robert Vischer）创造了德语词Einfühlung，用以指在审美欣赏时，主体将自己的感觉投射到艺术作品或自然对象上。[①]但是，真正对共情进行理论性思考，并将其从美学引入到心理学的是德国学者西奥多·利普斯（Theodor Lipps）。[②]利普斯不仅用共情理论解释人们如何感受无生命的物体，还进一步将共情引入人与人之间的互动，用以解释人们如何理解他人的心理状态。利普斯认为共情需要观察者及其观察对象之间的融合，共情过程是建立在人的自然本能和内在模仿的基础上的，以观看杂技演员走钢丝绳为例，观察者会本能地模仿所看到的动作及情感表达，同时会将自己的情感投射至被观察者。[③]1909年，美国著名心理学家爱德华·铁钦纳（Edward B. Titchener）将Einfühlung翻译为Empathy，共情理论逐渐开始在英语国家得到推广。[④]

所谓共情，是一种依赖于特质能力和状态影响之间互动的情感回应。共情过程既是自动引起的，也是一种自上而下的控制过程。因共情而产生的情感类似于一个人对刺激情绪的感知和理解，并且能够认识到

① 参见邓文华、胡蓉:《心灵哲学的医学人文关怀：共情说的回归》，载《医学与哲学》2017年第6A期。

② 尽管Einfühlung由赫尔曼·洛兹和罗伯特·费歇尔创造，但是西奥多·利普斯被认为是“共情理论之父”。参见Christiane Montag, Jürgen Gallinat, Andreas Heinz, “Theodor Lipps and the Concept of Empathy: 1851–1914”, 165 the *American Journal of Psychiatry*, 1261 (2008)。

③ 参见Christiane Montag, Jürgen Gallinat, Andreas Heinz, “Theodor Lipps and the Concept of Empathy: 1851–1914”, 165 the *American Journal of Psychiatry*, 1261 (2008)。

④ 参见邓文华、胡蓉:《心灵哲学的医学人文关怀：共情说的回归》，载《医学与哲学》2017年第6A期。

这种情感的来源并非自己。[①]共情能力是人类区别于其他动物的一大特征。人类除了具有和其他动物一样的“利我”本能以外，在亲情、友情以及爱情中还需要有一种“利他”的补偿心，即共情。举例来说，人与人在交往过程中，甲有一种情绪，乙看到且理解了这种情绪，甲乙之间就产生了连接，当乙替甲将这种情绪表达出来，甲乙之间就产生了共情。[②]

二、共情理论与医患关系

共情理论在医学，特别是医患关系领域中具有重要的意义。早在1918年，就有学者探讨了共情与同情的区别，并对共情在精神疾病治疗中的作用进行了研究。[③]美国著名心理学家卡尔·罗杰斯（Carl Rogers）将共情发

---

① 尽管就共情的研究有悠久的历史，但是关于共情并没有一个明确的定义，有学者甚至评论认为，在相关领域有多少作者，就有多少种关于共情的定义。本书所采用的定义来自本杰明·卡夫（Benjamin M.P. Cuff）等人对其的定义，本杰明·卡夫等人在其文章中梳理对比了关于共情的定义并给出了一个同时强调认知和情感因素，但又根据对感知和认知理解的准确性对情感一致性进行了限定的共情的定义。参见Benjamin M.P. Cuff, Sarah J. Brown, Laura Taylor, Douglas J. Howat, “Empathy: A Review of the Concept” , *Emotion Review*, 1 (2014), defining empathy as an emotional response (affective), dependent upon the interaction between trait capacities and state influences. Empathic processes are automatically elicited but are also shaped by top–down control processes. The resulting emotion is similar to one’s perception (directly experienced or imagined) and understanding (cognitive empathy) of the stimulus emotion, with recognition that the source of the emotion is not one’s own。

② 参见李维伟著：《共情心理学》，中国商业出版社2022年版，第2页。

③ 参见E. E. Southard, “The Empathic Index in the Diagnosis of Mental Diseases” , 13 the *Journal of Abnormal Psychology*, 199–214 (1918)。

展为一种心理治疗的方法。[①]罗杰斯认为即便是一个接受过专业训练的人，在想要理解另外一个人时，都要对其充满尊重，要小心翼翼，其著名的那句“我理解的是你……是这样吗？”被认为是“打开了共情方式的心理治疗之门”。[②]

尔后，共情理论渐渐从精神疾病的治疗中发展到了整个临床医学中。首先，共情理论在临床医学中的应用可以增进医患关系，进而提高诊疗效率，促进疾病康复。[③]研究发现医务人员与患者互动的质量对治疗结果有重要影响，[④]由于患者普遍存在一定的心理问题，能够对患者表现出热情、友好和令人放心的态度的医师通常可以与患者建立起更加友好的关系，患者在整个诊疗过程中，能够感受到自己是被理解、被尊重的，进而能够产生对医务人员的信任和对抗疾病的信心，能够主动与医务人员交流，医务人员因此能够更加准确地诊断病征，也能更加全面地了解患者的需求，并采取更有针对性的诊疗措施，相应地，治疗效果也更有

---

① 罗杰斯对共情理论在心理治疗方面的发展受到广泛的认可。1956年，美国心理学会授予罗杰斯“杰出科学贡献奖”。评委会对其评价如下：“罗杰斯发展出一种使心理治疗过程的描述和分析客观化的富有创意的方法，形成了一种心理治疗技能对人格和行为治疗效果的可验证性的理论，并进行了深入而系统的研究，以展示其对科学方法的灵活应用，使心理学的这一领域进入了科学心理学的范围。”参见李维伟著：《共情心理学》，中国商业出版社2022年版，第11页。

② 参见李维伟著：《共情心理学》，中国商业出版社2022年版，第11页。

③ 参见姚婷、李勇、郭汉平：《临床共情研究进展》，载《医学与哲学》2012年第2B期；王晓灿、耿小平、王维利、栾贝贝：《优化医患关系的策略——医护人员主导下的医患互动双向共情》，载《医学与哲学》2016年第1B期。

④ 参见Judith A. Turner, Richard A. Deyo, John D. Loeser, Michael Von Korff, Wilbert E. Fordyce, “The Importance of Placebo Effects in Pain Treatment and Research”, 271 the *Journal of the American Medical Association*, 1609–1614 (1994)。

效。[①]其次，共情理论在临床医学中的应用能够提升医务人员的工作效率，提高医务人员的职业价值感，降低医务人员的职业倦怠感。[②]研究表明共情能力强的医务人员有更强的工作能力和病史收集能力，且能获得更多患方的认同感和尊重，进而获得更多的职业成就感与满足感。[③]同时，共情并非仅仅强调医务人员的共情能力，也同时强调患方的共情能力，即患方亦需要体会医务人员的困难，尊重医务人员。[④]医患双方很好的“双向”共情可以形成良好的医患沟通氛围，提升医务人员的幸福感。最后，共情理论在临床医学中的应用能够提高患方的满意度，减少医疗纠纷。[⑤]患方很多针对医方的投诉以及和医方发生的医疗纠纷并不是因为医疗技术的问题，反而是医务人员对问题的处理方式起到至关重要的作用。[⑥]研

① 参见Zelda Di Blasi, Elaine Harkness, Edzard Ernst, Amanda Georgiou, Jos Kleijnen, “Influence of context effects on health outcomes: a systematic view”, 357 the *The Lancet*, 757–762 (2001)；又可参见Bhautesh Dinesh Jani, David N. Blane, Stewart W. Mercer, “The Role of Empathy in Therapy and the Physician–Patient Relationship”, 19 the *Forsch Komplementmed*, 252–257 (2012)。

② 参见姚婷、李勇、郭汉平:《临床共情研究进展》，载《医学与哲学》2012年第2B期；王晓灿、耿小平、王维利、栾贝贝:《优化医患关系的策略——医护人员主导下的医患互动双向共情》，载《医学与哲学》2016年第1B期。

③ 参见M Hojat, JS Gonnella, S Mangione, TJ Nasca, JJ Veloski, JB Erdmann, CA Callahan, M Magee, “Empathy in Medical Students as Related to Academic Performance, Clinical Competence and Gender”, 36 the *Medical Education*, 522–527 (2002); Debra L. Roter, Moira Stewart, Samuel M. Putnam, Mack Lipkin, Jr., William Stiles, Thomas S. Inui, “Communication Patterns of Primary Care Physicians”, 277 the *Journal of the American Medical Association*, 350–356 (1997)。

④ 有学者将此种共情称为“双向”共情，同时强调医患双方的换位思考。参见胡玉婉、付德明:《论“双向”共情对构建和谐医患关系的作用》，载《中国卫生产业》2018年第30期。

⑤ 参见姚婷、李勇、郭汉平:《临床共情研究进展》，载《医学与哲学》2012年第2B期。

⑥ 参见［英］彼得·沃舍著:《临床医患沟通艺术》，王岳主译，北京大学医学出版社2016年版，第14页。

究表明，医师的共情能力越高，患方的满意度就越高，医疗纠纷的发生率就越低。[①]

然而，生物医学模式的产生以及医学技术的飞速发展，使得共情被逐渐从现代医疗中驱逐，现代医疗开始出现“去共情化”的现象。首先，医务人员面临巨大的工作压力，繁重的诊疗任务、苛刻的教学科研压力，以及大量的日常行政工作，使得医务人员容易产生共情倦怠。[②]其次，麦当劳化的“标准医生”仅对仪器指标与躯体化症状感兴趣，对患者的其他“感觉”或“故事”充满了不屑。[③]最后，医学教育中只注重医学专业课程，不重视人文情怀的教育，导致医学生们慢慢失去了共情能力。[④]由此产生的最直接的后果是医患关系紧张，医疗纠纷频发。[⑤]

面对紧张的医患关系，人们开始意识到“理性至上”的医疗理念并不合适，医学需要重拾人文精神，医患关系的修复与改善需要共情理论。首先，应将共情教育明确列为医学院校教育的重要组成部分，增强医学共情

① 参见 Wendy Levinson, Debra L. Roter, John P. Mullooly, Valerie T. Dull, Richard M. Frankel, “Physician–Patient Communication: The Relationship with Malpractice Claims Among Primary Care Physicians and Surgeons”, 277 the *Journal of the American Medical Association*, 553–559 (1997)。

② 邓文华、胡蓉:《心灵哲学的医学人文关怀：共情说的回归》，载《医学与哲学》2017年第6A期。

③ 参见董丽云、邓玮:《标准医生、百度病患与阐释—交往性医疗图景——技术语境下的医患关系个案研究》，载《探索与争鸣》2022年第4期。

④ 参见邓文华、胡蓉:《心灵哲学的医学人文关怀：共情说的回归》，载《医学与哲学》2017年第6A期。

⑤ 我国2009年至2019年10年间，全国医疗损害责任纠纷与医疗合同服务纠纷案件数量达到111511件，其中2009年为67件，2019年则为24090件。参见董丽云、邓玮:《标准医生、百度病患与阐释—交往性医疗图景——技术语境下的医患关系个案研究》，载《探索与争鸣》2022年第4期。

教育和培训。[①]其次，要重视共情理论在医患沟通中的运用。医务人员需要进行医患沟通的技能培训，[②]掌握共情运用于医患沟通的能力，需要能够设身处地地体会患者的感受和情绪，理解患者的想法和诉求，并把这种理解准确传达给患者，进而达到情感融洽。[③]

---

① 参见鲁琳、李久辉：《美国医学共情探究及对医学人文教育的启示》，载《医学与哲学》2017年第6A期。

② 有学者指出医务人员的共情能力与沟通技巧相类似，可以通过对医务人员沟通技巧的培训提升医务人员的共情能力。参见Alan W. Dow, David Leong, Aaron Anderson, Richard P. Wenzel, "Using Theater to Teach Clinical Empathy: A Pilot Study", 22 the *Journal of General Internal Medicine*, 1114–1118 (2007); Anthony L. Back, Robert M. Arnold, Walter F. Baile, Kelly A Fryer–Edwards, Stewart C. Alexander, Gwyn E. Barley, Ted A. Gooley, James A. Tulsky, "Efficacy of Communication Skills Training for Giving Bad News and Discussing Transitions to Palliative Care", 167 the *Archives of Internal Medicine*, 453–460 (2007)。

③ 参见李明芳、孙萍：《人本位医疗理念下共情技术在医患沟通中的运用》，载《现代医药卫生》2017年第22期。

本章小结

医患关系作为一种复杂的社会关系，需要对其进行多视角的综合分析：

从历史的角度看医患关系，医患关系的形成、发展及变迁与医学的形成、发展有密切的联系。医学知识及技术的普及程度、诊疗活动的场域、医生群体的专业化、医学的建制化等对医患关系有重要影响。无论是我国还是西方，当获取及学习医学知识和技术的途径非常便利时，医疗市场不可避免地会存在竞争，病患的选择权、话语权较大，医师的权威性则偏低；当诊疗活动的场域由病患家庭转入医院，那么医学知识及技术就会被垄断，从事医疗职业的标准也随之提高，医生逐渐树立起权威，病患逐渐丧失自主性。医学模式的发展对医患关系也有重要影响。当医生眼中只有疾病而无病患时，医生容易忽略病患作为人的存在，医患之间容易产生矛盾，医患关系较紧张；由此，人们提出医生应当将病患作为整体看待，医生不仅要关注疾病本身，还要同时关注病患的家庭状况、日常生活、重要经历、宗教信仰及患者现在和未来的生活状态等，进而改善医患关系。国家作为医患关系中的第三方亦扮演着重要的角色，国家的卫生建设政策对医方权威的树立、患者权利的保护等有导向性的作用，进而对医患关系的稳定与和谐有重要影响。科技的进步则在拉近医患之间空间距离的同时，疏远了医患之间的心灵距离，为和谐医患关系的建立提出了新的挑战。

从社会角色理论的视角看医患关系，每个时代都有病患，都需要医务人员，患者角色和医师角色是永久性的社会角色，但是不同的社会时代对患者角色和医师角色的要求不同。当下，患者角色与医师角色均存在角色不清的问题，使得患者角色与医师角色的实际表现与社会对其的期望与规范不同，再加上患者角色与医师角色往往是角色扮演者扮演的诸多角色中的一种，其角色内部亦存在冲突问题，影响角色扮演者对患者角色和医师角色的扮演，进而导致了患者角色与医师角色之间的冲突。

从共情理论的视角看医患关系，医患之间的“双向”共情能力对医患关系的和谐与否有直接影响。共情能力在临床医学中的应用可以提升医务人员的工作效率、提升医务人员的职业价值感、降低医务人员的职业倦怠感，可以创造良好的医患沟通氛围，增进医患关系。然而，当下的医患关系中医务人员与患者均表现出共情能力缺失的现象，导致医患关系紧张，医疗纠纷频发。

总而言之，医患关系受多种因素影响，需要从多个视角对其进行综合分析。历史不断地发展，患者角色和医师角色的要求也在不断变化。当下，患者角色和医师角色的扮演存在角色失调的现象，亦在某种程度上导致了医患共情能力缺失的问题。

第五章

医疗纠纷预防制度

面对频发的医疗纠纷，在强调解决的同时，更要重视预防。紧张的医患关系是造成医疗纠纷的原因之一，医疗纠纷的预防要考虑如何调和医患关系，避免医患之间产生矛盾，进一步发展为医疗纠纷。

第一节　医疗纠纷

频发的医疗纠纷是我国面临的重要社会问题之一，本部分将围绕何为“医疗纠纷”，“医疗纠纷”与“医疗事故”“医疗损害”之间的关系，导致医疗纠纷发生的原因等问题展开研究。

一、医疗纠纷的基本概念

医患之间的争议是否都属于医疗纠纷，需要首先明晰医疗纠纷的概念，本部分将就医疗纠纷的概念进行界定，并与其相类似的概念进行对比辨析。

（一）医疗纠纷的概念

医疗纠纷的概念有广义和狭义之分。从广义上来讲，医患双方发生的任何争议都属医疗纠纷。[①]狭义的医疗纠纷则有明确的限定，2018年实施

① 参见古津贤、强美英主编：《医事法学》，北京大学出版社2011年版，第109页；又可参见柳经纬、李茂年著：《医患关系法论》，中信出版社2002年版，第89页。

的《医疗纠纷预防和处理条例》中明确规定，医疗纠纷是指医患双方因诊疗活动引发的争议。[①]此规定即为狭义的医疗纠纷。[②]具体来讲，认定医疗纠纷需要满足三个构成要件：

第一，医疗纠纷的主体是医患双方。医疗纠纷中的医方与患方与医患法律关系中的医方与患方一致，本书在第二章中对其进行了详细的论述，此处不再赘述。

第二，医疗纠纷以医患双方之间存在争议为前提。引起医疗纠纷的争议既包括因造成患者人身损害而产生的争议，也包括因其他原因[③]引起的争议。除此之外，该争议是双向的，既包括患方向医方提出的争议诉求，也包括医方向患方提出的争议诉求。[④]

第三，医患双方的争议是因诊疗活动引发的。《医疗机构管理条例实施细则》第八十八条针对“诊疗活动”给出了明确的条文定义，诊疗活动是指通过各种检查，使用药物、器械及手术等方法，对疾病作出判断和消除疾病、缓解病情、减轻痛苦、改善功能、延长生命、帮助患者恢复健康的活动。[⑤]但是，该定义偏窄，与现实情况不符，会导致患者的权益得不

---

① 参见《医疗纠纷预防和处理条例》第二条。

② 本节所论述的“医疗纠纷”，如无特殊说明，均指狭义的医疗纠纷。

③ 此处的“其他原因”必须限定在诊疗活动范围内。

④ 参见申卫星主编：《卫生法学原论》，人民出版社2022年版，第364页。

⑤ 在1987年实施的《医疗事故处理办法》中采用的是“诊疗护理”，将医疗事故严格限定在了医疗机构为患者提供诊疗护理服务的前提下。有学者评价此规定实则允许医方通过拒绝为患者提供诊疗服务而逃避承担医疗事故的责任。2002年实施的《医疗事故处理条例》中，将“诊疗护理”替换为“医疗活动”，意在扩大条例的适用范围，但是并未对何为“医疗活动”给出明确的解释。参见申卫星主编：《医疗纠纷预防和处理条例条文释义与法律适用》，中国法制出版社2018年版，第14—15页。

到应有的保护，应对其作扩大解释：既包括诊断、治疗活动，也包括医疗美容活动；既包括积极地提供诊疗服务，也包括消极地拒绝提供诊疗服务；既包括卫生技术人员提供的诊疗服务，也包括医疗管理和医疗后勤人员提供的管理服务。①

医患争议因诊疗活动引发应限定在直接引发的范围内，即诊疗活动与争议之间是直接的引起与被引起的关系，比如医师侵犯了患者的生命权、身体权、健康权等，此类纠纷通常涉及专业问题，需要借助专业的医疗损害鉴定来完成。如若不作此限定，容易导致医疗纠纷的范围边际过大。②

（二）医疗纠纷与易混淆概念的辨析

与“医疗纠纷”相类似的概念包括“医疗事故”与“医疗损害”，三者既相互联系又有所区别。医疗事故，是指医疗机构及其医务人员在医疗活动中，违反医疗卫生管理法律、行政法规、部门规章和诊疗护理规范、常规，过失造成患者人身损害的事故。③认定医疗事故需要满足

---

① 参见申卫星主编：《医疗纠纷预防和处理条例条文释义与法律适用》，中国法制出版社2018年版，第14—15页。

② 有学者指出因诊疗活动间接引发的争议或者仅仅是与诊疗活动相关的争议，都不能被算作医疗纠纷。比如，患者因不满诊疗活动与医师互殴而产生争议属于“因诊疗活动而引发的某某问题而引发的争议”，患者因诊疗费用报销不成功而与医院发生的争议属于与诊疗活动相关的争议，尽管都是医患之间的争议，但不属于《医疗纠纷预防和处理条例》中规定的医疗纠纷。当然，与诊疗活动无关的争议也不属于医疗纠纷，比如患者因在医院摔伤而与医院发生的争议。参见申卫星主编：《医疗纠纷预防和处理条例条文释义与法律适用》，中国法制出版社2018年版，第15—18页。

③ 参见《医疗事故处理条例》第二条。

五个构成要件：第一，主体是医疗机构及其医务人员；第二，医疗行为具有违法性；第三，造成了患者人身损害的不良后果；第四，医疗机构和医务人员主观上具有过失；第五，医疗机构及其医务人员的过失行为与患者的损害之间具有因果关系。[①]医疗损害，是指因医疗机构及其医务人员的过错或有缺陷的医疗产品，对就医患者造成的身体上或精神上的损害。[②]

总的来讲，医疗纠纷包括医疗事故和医疗损害，医疗事故是一个行政法概念，侧重于卫生行政主管部门的行政管理和相关人员的行政责任，[③]医疗损害是一个民事概念，侧重于民事责任问题。[④]医疗事故和医疗损害是引发医疗纠纷最典型的事件。[⑤]

二、医疗纠纷的成因分析

医疗纠纷的成因较为复杂，大体可以从医方原因、患方原因和社会原

---

① 参见王岳主编：《医事法》，人民卫生出版社2019年版，第117—118页。

② 参见申卫星主编：《卫生法学原论》，人民出版社2022年版，第366页。

③ 尽管2002年实施的《医疗事故处理条例》中也规定了医疗事故导致的民事赔偿责任，但其总的立法思想是加强卫生行政部门对医疗事故的管理和处置，强调对医疗机构及其医务人员作的行政处罚。而从《民法典》和《医疗纠纷预防和处理条例》的规定来看，医疗事故的概念已基本回归行政责任。参见申卫星主编：《医疗纠纷预防和处理条例条文释义与法律适用》，中国法制出版社2018年版，第10页；申卫星主编：《卫生法学原论》，人民出版社2022年版，第366页。

④ 参见高燕、徐道波、顾加栋：《衔接与协调：〈医疗事故处理条例〉须作若干修订》，载《医学与法学》2022年第6期。

⑤ 参见申卫星主编：《卫生法学原论》，人民出版社2022年版，第364页。

因三个方面展开分析。

从医方的角度看医疗纠纷的成因，主要包括如下三个：第一，医疗机构管理制度不健全。医疗机构内部的管理存在不规范的情况，[①]导致个别医务人员的业务水平和业务能力不能达到应有的水准，容易发生医疗事故、造成医疗损害。[②]同时，医疗机构的管理未能实现“以病人为中心”的服务模式，[③]导致患方的满意度较低。第二，医疗机构的诊疗方式，疏远了医师与患者之间的距离。医师与患者之间缺少真正意义上的交流，距离越来越远。[④]第三，医师缺乏责任意识、诊疗态度差，与患者沟通不充分[⑤]。包括我国在内的世界各国的多项研究均表明，服务态度差是医师和医院被投

① 比如，医疗机构领导体制上存在产权界定不明、领导班子素质参差不齐等问题，人事制度上存在“铁饭碗”问题，分配体制上存在“大锅饭”“灰色收入”等问题。参见古津贤、李大钦主编：《多学科视角下的医患关系研究》，天津人民出版社2009年版，第230页。

② 参见张跃铭：《医疗纠纷现状、成因及对策——以东莞市为例》，载《医学与哲学》2015年第2A期；马春生、朱德川：《医疗纠纷成因分析与预防建议》，载《人民论坛》2015年第8期。

③ 传统医疗机构是“以医疗为中心”的服务模式，是医师处在顶点的塔形结构。但是，伴随着生物—心理—社会医学模式的发展，该服务模式逐渐被“以病人为中心”的服务模式取代，即医院的一切工作和条件应最大限度地满足病人的医疗服务需求。参见古津贤、李大钦主编：《多学科视角下的医患关系研究》，天津人民出版社2009年版，第227页。

④ 有学者对当下医疗机构的诊疗方式作出了如下描述：“病人从进医院的大门起，便仿佛被放到了一条生产流水线传送带上，有各司其职的环节，但没有整体统筹和全程把握。在整个过程中，一个重症病人大概要经十几个大夫之手。在这个过程中，病人实际上没有主治医师，病人和家属的问题没有人给系统回答。”参见景军：《基于死亡叙事的医疗社会生态分析》，载《思想战线》2022年第1期。

⑤ 根据清华大学社会学系，清华大学社科学院中国社会调查与研究中心，中国医师协会人文医学专业委员会联合发布的《2021医师调查报告》，医患的相处时间极为有限。医师日均接诊病人达到26人，与每个病人的互动时间只有16分钟。参见清华大学社会学系，清华大学社科学院中国社会调查与研究中心，中国医师协会人文医学专业委员会编：《2021医师调查报告》，2021年4月，第11页。

诉的最主要原因。[①]

从患方的角度看医疗纠纷的成因，主要包括如下三个：第一，患者的权利意识及法律意识高涨。在整个诊疗过程中，患者意识到自己享有包括妥善医疗权、知情同意权等在内的权利，希望以更加积极主动的姿态参与到诊疗活动中。同时，患者的法律意识增强，当与医方产生争议，会主动拿起法律武器维护自己的权益。第二，患者对医疗结果有过高的期待。尽管医疗技术在不断发展，但是医学本身及医疗技术的发展有其局限性，当患者对医疗结果有过高的期待，又无法实现时，极容易产生医疗纠纷。[②]第三，部分患者存在投机心理，利用医疗机构希望大事化小、小事化了的心态，甚至采用“医闹”等形式威胁医疗机构，助长了医疗纠纷的发生。[③]

---

① 比如，多伦多大学的一项研究，用录音方式分析了医生对病人说话的用词和语调，发现说话苛刻、口气生硬、腔调居高临下、对患者和家属的疑问无动于衷的医生，最容易被病人告上法庭。美国与英国也有类似的研究，结论也是相类似的。参见 Wendy Levinson, “Physician-Patient Communication: A Key to Malpractice Prevention”, 20 the *Journal of American Medical Association*, 1619-1620 (1994); Charles Vincent, Magi Young, Angela Phillips, “Why do People Sue Doctors? A Study of Patients and Relatives Taking Legal Action”, 343 the *Lancet*, 1609-1613 (1994); Wendy Levinson, Debra L Roter, John P. Mullooly, Valerie. T Dull, Richard M. Frankel, “Physician-Patient Communication: The Relationship with Malpractice Claims Among Primary Care Physicians and Surgeons”, 7 the *Journal of American Medical Association*, 553-559 (1997); Nalini Ambady, Debi LaPlante, Thai Nguyen, Robert Rosenthal, Nigel Chaumeton, Wendy Levinson, “Surgeons' Tone of Voice: A Clue to Malpractice History”, 132 the *Surgery*, 5-9 (2002)。我国的相关研究也得出同样的结论，认为医患沟通不足是造成医疗纠纷的主要原因之一。参见王将军、钟林涛、曾庆、陈钢、韩鹏、许树强：《北京某三级甲等医院2009—2013年医疗投诉数据分析》，载《中国医院管理》2015年第1期；王志刚，郑大成：《医疗纠纷现状分析》，载《数理医药学杂志》2015年第1期；刘婷、祖晨曦、王辉、陶慧：《门诊投诉分析及对策研究》，载《医学信息》2019年第3期。

② 参见申卫星：《医患关系的重塑与我国〈医疗法〉的制定》，载《法学》2015年第12期。

③ 参见马春生、朱德川：《医疗纠纷成因分析与预防建议》，载《人民论坛》2015年第8期。

从社会的角度看医疗纠纷的成因，主要包括如下五个[①]：第一，医疗资源发展不均衡。我国的医疗资源大多集中在大城市等发达地区的大医院，导致大医院人满为患，医师诊治压力过大，[②]患者容易出现不满，[③]进而产生医疗纠纷。[④]第二，医疗体制改革导致医院趋利性明显，出现“以药养医”、医生索要回扣等问题。事实上，一些医师认为自身的收入过低，医疗体制市场化的改革并未对其收入及社会地位的提升有积极作用，反而使医患关系变差了。[⑤]第三，医疗保障制度和医疗风险分担机制不完善。[⑥]医疗保障

① 参见张跃铭：《医疗纠纷现状、成因及对策——以东莞市为例》，载《医学与哲学》2015年第2A期；马春生、朱德川：《医疗纠纷成因分析与预防建议》，载《人民论坛》2015年第8期；申卫星：《医患关系的重塑与我国〈医疗法〉的制定》，载《法学》2015年第12期。

② 有学者指出，中国医生面对的是全球最大的患者人群，工作繁重、工作时间长，工作内容复杂，工作压力大。参见Zhengxue Qiao, Lu Chen, et al., “Prevalence and Factors Associated with Occupational Burnout among HIV/AIDS Healthcare Workers in China: A Cross-Sectional Study”, 16 the *BMC Public Health*, 335 (2016)。

③ 美国学者罗伯特·维奇形象地指出，当一位带着两个歇斯底里的孩子的母亲，为了给孩子看感冒而在医院的候诊室里等了5个小时后，她的问题已经不再是孩子的感冒，而是她等待的那5个小时。参见Robert M. Veatch, “Models for Ethical Medicine in a Revolutionary Age. What Physician-Patient Roles Foster the Most Ethical Relationship?”, 2 *The Hastings Center Report* 3, 5-7 (1972)。

④ 有研究表明，发生医疗纠纷的医院主要为三级医院，比例达到70.32%。参见王志刚、郑大成：《医疗纠纷现状分析》，载《数理医药学杂志》2015年第1期。

⑤ 根据《2021医师调查报告》，65.58%的医师都认为当前医疗服务收费水平“低”或“太低”，只有14.83%的医师肯定了市场化的积极效果；在市场化对医师社会地位的提升作用上，也只有11.82%的医师表示认可，近半数的医师都同意“医疗事业的市场化使得医患关系变差”，医师们的工作氛围渲染着功利主义色彩，评职称、增收成为医师们的主要目标。参见清华大学社会学系，清华大学社科学院中国社会调查与研究中心，中国医师协会人文医学专业委员会编：《2021医师调查报告》，2021年4月，第20—22页。

⑥ 参见罗涛、刘兰秋：《医疗纠纷现状及发生原因分析》，载《中国医院》2018年第12期。

体系的不健全加上过高的医疗收费，看不起病成为许多家庭面临的现实问题，而过高的医疗费用又使患方无限提高了其对医方的期望值，容易产生医疗纠纷。第四，新闻媒体的过度炒作和不实报道，破坏了医患之间的信任，加剧了医疗纠纷的爆发。第五，医疗纠纷解决渠道的不畅通，容易加剧医患之间的冲突与对抗。

笔者以为，综合医方、患方及社会三个方面，无论是医方角度中医疗机构管理制度、诊疗方式、医师个人素养的原因，还是患方角度中维权意识增强、对医疗结果有超乎现实的期待、带有投机心理的原因，抑或是社会角度中医疗资源发展不均衡、医疗体制改革带来不利后果、不完善的医疗保障制度和医疗风险分担机制、新闻媒体炒作、医疗纠纷解决渠道单一的原因，其本质都是源于紧张的医患关系和医患之间信任的缺失，进而导致医疗纠纷的产生。

第二节　医疗纠纷的预防

医疗纠纷呈现出成因多元化、内容复杂化、主体群体化、方式对抗化、时间持久化等特点，[①]医疗纠纷的防范重点在预防，需要医方、患方、社会等多方的协力配合，做好医疗纠纷的预防，进而减少医疗纠纷的发生。

一、医疗纠纷预防的概念

医疗纠纷的预防，是指各社会主体[②]采取多种措施，降低医疗纠纷的

① 参见张跃铭：《医疗纠纷现状、成因及对策——以东莞市为例》，载《医学与哲学》2015年第2A期；又可参见姚军著：《医事法学》，复旦大学出版社2020年版，第219页。

② 从医疗纠纷的成因来看，涉及医方、患方和社会三个方面的因素，因此，单靠某一方的努力和调整并无法实现医疗纠纷的预防，医疗纠纷的预防需要各个主体共同配合、共同努力。比如，有学者指出医疗纠纷预防的实现应从加强医务人员的职业素质、强化医疗机构管理体制、健全医疗收费制度、建立医患沟通机制、重构医患之间的信任机制、依法规制新闻媒体、推行医疗卫生体制改革以及完善医疗卫生法律制度等方面着手。同时涉及医方、患方和社会各个角度。参见艾尔肯：《论新时期医疗纠纷防范对策——以〈医疗纠纷预防和处理条例〉为视角》，载《北方法学》2019年第5期。

发生风险。对医疗纠纷的有效预防，可以提升医疗机构及医务人员的服务质量，保障公民健康权益的实现，强化医务人员的职业风险意识，提升患方对医学的正确认识，促进和谐医患关系的发展，进而反过来减少医疗纠纷的发生。[①]

二、医疗纠纷预防的内容

对应医疗纠纷的成因，医疗纠纷预防的内容也大体包括医方需要采取的预防措施、患方需要采取的预防措施和社会需要采取的预防措施。

（一）医方需要采取的预防措施

为了更好地预防医疗纠纷的发生，医方需要采取的措施包括：

第一，医疗机构需要确立一套行之有效的内部规章制度。医疗机构的内部规章制度具有非常重要的地位，一个医疗机构即便是拥有世界一流的医务人员、世界一流的技术手段，若没有行之有效的内部规章制度，仍然无法适应不断增长的压力与挑战。[②]医疗机构需要在法律法规允许的范围内，结合自身的实践确立一套完整的内部规章制度，该规章制度不仅需要包括内部医疗质量、医疗安全管理、医疗风险管理的相关规定，还需要包

① 参见赵敏主编：《医疗法律风险预防与处理》，北京大学出版社2019年版，第275—276页。

② 一位来自知名医院的高层领导曾经感叹其所面临的挑战："我们拥有世界一流的医生、一流的治疗手段，却拥有完全破碎和损坏的管理流程和进程。"［美］马克·格雷班著：《精益医院：世界最佳医院管理实践》，张国萍、王泽瑶等译，机械工业出版社2021年版，第2页。

括对医务人员专业知识、能力的培训和考核的相关规定。①

第二，医疗机构需要采用并落实实施“以患者为中心”的管理模式。医疗机构需要塑造“以人为本”的医疗机构文化，一方面应不断提高医务人员的综合素质，另一方面应树立一切活动为患者的价值取向。②为此，医疗机构的管理需要考虑医务人员的满意度，医务人员的满意度往往会对其提供的医疗服务的质量有直接影响。根据《2021医师调查报告》，半数以上的医师们对于工作流程的效率抱有质疑，感到自己要在“不必要的程序和操作上耗费过多精力”。③同时，医师们认为自己在工作环境中得到的支持不足。④医疗机构的管理模式需要能够为医务人员提供支持、清除障碍，使其能够有更多的时间专心提供医疗服务，进而更好地为患者服务，真正实现以患者为中心。⑤同时，医疗服务的对象是患者，从某种程度上来讲，患者的满意度决定医疗质量的好坏，医疗机构的管理需要确实考虑

---

① 参见赵敏主编:《医疗法律风险预防与处理》，北京大学出版社2019年版，第280页。

② 参见古津贤、李大钦主编:《多学科视角下的医患关系研究》，天津人民出版社2009年版，第226页。

③ 参见清华大学社会学系，清华大学社科学院中国社会调查与研究中心，中国医师协会人文医学专业委员会编:《2021医师调查报告》，2021年4月，第7页。

④ 医师们认为支持不足的具体表现包括：第一，在休假方面，仅有16.99%的医师认为所在医院的休假制度行之有效；第二，仅有不足半数的医师对领导的工作安排持积极态度；第三，仅有不足半数的医师对科室之间的合作和沟通机制持积极态度；第四，近半数的医师认为自身很少能够参与组织制度的制定；第五，只有39.05%的医师认为自己所在的医院提供了充分的培训和成长机会。参见清华大学社会学系，清华大学社科学院中国社会调查与研究中心，中国医师协会人文医学专业委员会编:《2021医师调查报告》，2021年4月，第9页。

⑤ 参见［美］马克·格雷班著:《精益医院：世界最佳医院管理实践》，张国萍、王泽瑶等译，机械工业出版社2021年版，第2—3页。

患者的需求并将其作为衡量医疗质量的评价标准之一。[①]总而言之，医疗机构的管理模式要“以患者为中心”，保障医疗服务，实现患者收益的最大化和医疗机构效能的最大化。[②]

第三，医方要尊重保障患者权利，积极履行医方的义务。我国相关法律法规对医患双方的权利与义务有明确的规定，[③]医方要树立法治观念，切实保障患者权利并积极履行医方的义务。[④]

（二）患方需要采取的预防措施

医疗纠纷的预防不仅需要医方采取相应的措施，患方亦需要采取相应的措施，以减少防止医疗纠纷的发生。患方需要采取的预防措施包括：

第一，患方需要正确履行义务。医患关系是医方与患方之间围绕疾病的治愈而不断互动的动态的双向关系，这意味着医患关系并非只强调医方尊重患方权利、履行医方义务，同时需要强调患方对医方的尊重并履行患方的义务，包括配合治疗的义务，遵守医疗秩序、尊重医务人员的义务等。[⑤]否则，必然会造成医患关系的失衡、医患关系的紧张，进而引发医疗纠纷。

第二，患方需要正确认识医疗风险。医学知识及医疗技术存在有限性，

---

① 参见古津贤、李大钦主编：《多学科视角下的医患关系研究》，天津人民出版社2009年版，第225—226页。

② 参见古津贤、李大钦主编：《多学科视角下的医患关系研究》，天津人民出版社2009年版，第227页。

③ 医方的权利与义务在本书第三章中有详细的论述，此处不再赘述。

④ 参见申卫星主编：《卫生法学原论》，人民出版社2022年版，第375—376页。

⑤ 患方的权利与义务在本书第三章中有详细的论述，此处不再赘述。

医疗风险存在必然性。患方需要意识到医方无法承诺包治百病，疾病的治疗本身就存在一定程度的侵害性，应树立正确的生死观。①

第三，患方需要遵守法律法规，正确处理医患矛盾。当医方与患方产生矛盾后，患方需要遵守法律法规，依法维护自身的合法权益，解决矛盾，而不是抱着“不闹不解决，小闹小解决，大闹大解决”的心态，将“医闹”作为解决矛盾的主要手段。

（三）社会需要采取的预防措施

医疗纠纷在损害医患合法权益，破坏医患关系的同时，对整个社会的和谐稳定也有重要影响，医疗卫生事业事关民生，医疗纠纷的预防需要整个社会在医方与患方共同努力的基础上，采取相应的措施，从国家层面及社会宏观体制机制角度预防医疗纠纷，具体包括：

第一，进一步深化医疗卫生领域的供给侧结构性改革，提升医疗机构服务能力和质量。政府要重点解决医疗资源总量供给不足、配置结构不合理的问题。根据《2021医师调查报告》，我国医师平均每天出诊时间（不包含科研等其他工作时间）约为7.77小时，每周平均工作5.77天，工作强度极高，仅有11.86%的调研参与者认为自己不至于“精疲力竭”。②而这一现象在大城市的大医院中更为明显。因此，要从宏观层面做好统筹规划，促进优质医疗资源的下沉与平衡发展，提升医疗机构的服务质量。③

---

① 参见赵敏主编：《医疗法律风险预防与处理》，北京大学出版社2019年版，第283—284页。

② 参见清华大学社会学系，清华大学社科学院中国社会调查与研究中心，中国医师协会人文医学专业委员会编：《2021医师调查报告》，2021年4月，第7页。

③ 参见申卫星主编：《卫生法学原论》，人民出版社2022年版，第378页。

第二，构建多层次的医疗保障体系，建立有效的医疗风险分担机制。社会医疗保障的不足，特别是因病返贫、因病致贫现象的发生，再加上大量花费金钱却不一定能够实现患方的期待，使得患方容易产生不满情绪，并将该情绪转嫁到医疗机构及医务人员身上，进而导致医疗纠纷的发生。要不断提高医疗保障水平，消除医患之间的利益冲突，当患方的经济压力减轻，就相应地更容易正确看待医疗风险，理性接受医疗结果。①医疗行业属于一种高风险的行业，要求其必须建立完善的风险分担机制。根据风险经济学的原理，避免医疗风险的途径有两种，一种是减少行为的数量，另一种是转移风险。如若医方为避免医疗风险而减少甚至拒绝必要的医疗行为，显然是有悖于患者利益最大化的医学价值的。②事实上，调查显示，当下有超过1/3的医师会为了避免医疗风险而倾向于回避收治高危病人。③因此，确立完善的医疗风险分担机制是非常有必要的。

第三，健全法律法规，完善医疗纠纷的解纷机制。法律法规的不完善，不仅容易导致医患之间矛盾的产生，也不利于医患矛盾的化解。需要不断完善卫生法律法规，使得各项问题都有法可依，避免矛盾的产生。医疗纠纷的解纷渠道单一，解纷时间长、成本高，④是造成医疗纠纷的重要原因之

---

① 参见申卫星:《医患关系的重塑与我国〈医疗法〉的制定》，载《法学》2015年第12期。

② 参见王岳:《解析〈医疗纠纷预防和处理条例〉》，载《中国医院院长》2018年第20期。

③ 参见清华大学社会学系，清华大学社科学院中国社会调查与研究中心，中国医师协会人文医学专业委员会编:《2021医师调查报告》，2021年4月，第17页。

④ 中央电视台曾经报道过《78本医书背后故事》，讲述了一位农民用时8年，阅读78本医书打赢了一场医疗纠纷诉讼的故事。所谓“迟来的正义非正义”，这位农民最终得来的胜诉判决是否还是“正义”，值得人们深思。参见王岳:《解析〈医疗纠纷预防和处理条例〉》，载《中国医院院长》2018年第20期。

一。建立多元化的医疗纠纷解决机制，拓宽医疗纠纷的解纷渠道，有利于化解医患之间的矛盾，达到预防医疗纠纷发生的效果。①

第四，依法规制新闻媒体的相关报道。新闻媒体就医疗纠纷的过度炒作或不实报道会加重医患之间的不信任，恶化医患关系，是医疗纠纷产生的原因之一。依法规制新闻媒体的相关报道，要求新闻媒体要履行其义务，要客观真实地对医疗纠纷进行报道，同时要宣传医疗卫生常识，引导公众正确认识医疗风险。对于新闻媒体的不实报道或恶意的炒作，新闻媒体及其工作人员要承担相应的行政及民事责任。②

① 参见申卫星:《医患关系的重塑与我国〈医疗法〉的制定》，载《法学》2015年第12期。

② 参见艾尔肯:《论新时期医疗纠纷防范对策——以〈医疗纠纷预防和处理条例〉为视角》，载《北方法学》2019年第5期。

第三节　我国医疗纠纷预防制度的立法变迁

我国医疗纠纷预防制度的立法变迁大体可以以《医疗纠纷预防和处理条例》的施行为界划分为两个阶段,《医疗纠纷预防和处理条例》施行前和《医疗纠纷预防和处理条例》施行后，本部分简单梳理两个阶段的立法情况，分析我国医疗纠纷预防的法律依据。

一、《医疗纠纷预防和处理条例》施行前

1987年6月29日，国务院发布了《医疗事故处理办法》，成为我国第一个专门处理医疗事故的行政法规，标志着我国医疗事故处理进入全国统一的法制阶段。[①]2002年4月4日，国务院发布了《医疗事故处理条例》(2002年9月1日实施),《医疗事故处理办法》失效。相较于《医疗事故处理办法》,《医疗事故处理条例》扩大了医疗事故的适用范围，

① 参见蒋祎主编:《卫生法》，人民卫生出版社2020年版，第227—228页。

涵盖了民事赔偿的范围。[①]同时，《医疗事故处理条例》不再仅仅强调发生医疗事故后的处置，而是同时强调医疗事故的预防。[②]2003年1月6日，最高人民法院颁布了《最高人民法院关于参照〈医疗事故处理条例〉审理医疗纠纷民事案件的通知》，首次提到了“医疗纠纷”。[③]2010年7月1日，《侵权责任法》[④]实施，设专章对医疗损害责任进行规定。[⑤]《侵权责任法》中“医疗损害责任”的概念被认为是对医疗纠纷中所有责任的概括和统一，即不仅对医疗事故造成的损害进行规制，也包括对非医疗事故造成的损害进行规制。[⑥]然而，无论是《医疗事故处理条例》，还是《侵权责任法》，其更多是通过对医疗纠纷的事后处理来警示和威慑医方的执业行为，并非主动地就医疗纠纷的预防进行规制。[⑦]与国家层面立法不同，地方层面的立法则大多是同时就医疗纠纷的预防和处理进

① 参见《医疗事故处理条例》第五章。

② 《医疗事故处理条例》第二章专门就医疗事故的预防作了规定，包括对医疗机构及医务人员等医方应遵守法律法规、诊疗规范的规定，履行告知义务等规定。

③ 《最高人民法院关于参照〈医疗事故处理条例〉审理医疗纠纷民事案件的通知》尽管提到了“医疗纠纷”，但并未给“医疗纠纷”下定义，仅仅将“医疗纠纷”区分为“医疗事故”和“因医疗事故以外的原因引起的其他医疗赔偿纠纷”。参见王海容、刘毅：《我国医疗纠纷预防与处理之立法现状》，载《中国卫生事业管理》2017年第11期。

④ 《侵权责任法》中就医疗损害的相关规定被2021年1月1日起施行的《民法典》吸收，《侵权责任法》被废止。

⑤ 有学者认为《医疗事故处理条例》与《侵权责任法》在立法时间、立法层级和立法理念上存在不同，导致二者在整体构架和具体规定上存在相互冲突的地方。参见刘炫麟：《论〈医疗事故处理条例〉与〈侵权责任法〉的冲突》，载《中国医院管理》2013年第4期。

⑥ 参见王海容、刘毅：《我国医疗纠纷预防与处理之立法现状》，载《中国卫生事业管理》2017年第11期。

⑦ 参见姚军著：《医事法学》，复旦大学出版社2020年版，第220页。

行规制。[①]

二、《医疗纠纷预防和处理条例》施行后

2018年10月1日，《医疗纠纷预防和处理条例》正式施行。《医疗纠纷预防和处理条例》是专门用于预防和处理医疗纠纷的重要的行政法规，其在第二条中明确给“医疗纠纷”下了定义，并在第二章和第三章分别就医疗纠纷的预防和医疗纠纷的处理作了专章规定。《医疗纠纷预防和处理条例》同时注重对医疗纠纷的预防与处理，标志着我国医疗纠纷的综合治理迈入了新的发展阶段。[②]

根据《医疗纠纷预防和处理条例》，医疗纠纷的预防要从源头抓起。[③]首先，要加强医疗质量安全的日常管理。大多数医疗纠纷的发生均是因为医疗质量问题而引发，提高医疗质量、减少患者所受到的不必要的伤害，可以说是最好的避免和减少医疗纠纷的方法。[④]其次，要强化医疗服务关键环节和领域的风险防控。医疗行为具有不确定性和侵害性等特点，任何医疗行为都可能会有医疗风险，因此，从某种程度上来

---

① 比如，《江西省医疗纠纷预防和处理条例》《浙江省医疗纠纷预防与处理办法》《湖北省医疗纠纷预防与处理办法》等。

② 参见申卫星主编：《医疗纠纷预防和处理条例条文释义与法律适用》，中国法制出版社2018年版，第1页。

③ 参见《司法部、卫生健康委就〈医疗纠纷预防和处理条例〉答记者问》，载《中国卫生法制》2018年第6期。

④ 参见申卫星主编：《医疗纠纷预防和处理条例条文释义与法律适用》，中国法制出版社2018年版，第20—21页。

说，医疗风险具有不可避免性。然而，尽管医疗风险不可避免，但可以对其进行管理，进而降低医疗风险。[①]比如，医疗机构开展医疗技术服务，应与其技术能力相适应；[②]开展手术、特殊检查、特殊治疗等具有较高医疗风险的诊疗活动，医疗机构应当提前预备应对方案。[③]最后，要加强医疗服务中的医患沟通。患者有查阅、复制病历的权利，[④]医方有按规定填写并妥善保管病历资料的义务。[⑤]同时，医疗机构应建立健全医患沟通机制，对患者在诊疗过程中提出的咨询、意见和建议，应当耐心解释、说明，并按照规定进行处理；对患者就诊疗行为提出的疑问，应当及时予以核实、自查，并指定有关人员与患者或者其近亲属沟通，如实说明情况。[⑥]

除此以外，《医师法》《医疗机构管理条例》《民法典》等中对医方与患方权利义务的规定等亦可以算作广义上就医疗纠纷预防的相关规定。

总而言之，2018年正式施行的《医疗纠纷预防和处理条例》意味着我国在明确了医疗纠纷的处理途径和程序的基础上，更加突出了医疗纠纷的预防。笔者以为，医疗纠纷的预防要以构建和谐医患关系为基本出发点，正如前文所述的发生在老金、老金家属和田大夫之间的故事，正是因为田

① 参见申卫星主编：《医疗纠纷预防和处理条例条文释义与法律适用》，中国法制出版社2018年版，第68页。

② 参见《医疗纠纷预防和处理条例》第十一条。

③ 参见《医疗纠纷预防和处理条例》第十四条。

④ 参见《医疗纠纷预防和处理条例》第十六条。

⑤ 参见《医疗纠纷预防和处理条例》第十五条。

⑥ 参见《医疗纠纷预防和处理条例》第十七条。

大夫与老金及老金家属之间和谐的医患关系，才避免了一场医疗纠纷的发生。[1]和谐医患关系的建设需要重视医患沟通机制的建设，同时要积极发挥医务社会工作制度的作用。

① 老金与田大夫之间的故事的详细介绍可参见本书第21页的注释。

第四节 医患沟通机制

“医学之父”希波克拉底曾经指出：了解什么样的人得了病，比了解一个人得了什么病更重要。[①]医患沟通对整个医学的发展以及和谐医患关系的构建有重要意义。医疗纠纷的预防要注重和谐医患关系的构建，而和谐医患关系的构建离不开健全的医患沟通机制。

一、医患沟通的发展史

医患沟通可以算是伴随着医学的产生而产生，并在早期的医学发展进程中发挥着重要的作用。“医学之父”希波克拉底曾在其论著中多次论及医患沟通的技巧。[②]我国的传统医学也非常重视医师与患者的沟通，被尊为经典中医著作的《黄帝内经》就明确强调，医师要了解患者的社会地位、经济状况及心理活动，才能辨清脉象类别和发病始末，在为患者看病

① 参见徐瑞容、何思忠主编：《医患关系学》，科学出版社2018年版，第32页。

② 参见王锦帆、尹梅主编：《医患沟通》，人民卫生出版社2018年版，第12页。

之初，不问患者近来的社会地位变化，是为一错；不问患者的饮食起居，有否暴苦暴乐，是为二错；不据上述变化来切脉，发生诊断失误，是为三错；不问患者有否政治仕途上的失意、从商活动的盈亏，即进行诊治，是为四错。①可见，无论是西方医学还是我国的传统医学，都非常重视医患的沟通。

然而，伴随着医学知识和医学技术的发展，特别是生物医学模式的产生，医师眼中的患者变成了医疗流水线上需要被维修的产品，与患者本身相比，医师更关注各项诊断数据、细胞形态或分子结构的变化，整体的患者被转化为一连串的陌生符号和数据，昔日非常重要的医患沟通逐渐演变为医患之间的“失语”。②由此带来的则是医患关系的逐渐紧张，医患矛盾逐渐增多，医疗纠纷的频繁发生。

1955年，著名学者迈克尔·巴林特（Michael Balint）在其文章中指出使用最多的药物实则医师本身，然而却没有任何教科书指导医师这味药的使用，明确强调医患沟通在医患关系以及整个医学发展中的重要性。③1964年，世界医学大会通过《赫尔辛基宣言》，明确提出患者的知情同意权。对患者知情同意权的保护，被认为是医患沟通机制的核心要旨。④与此同时，伴随着生物—心理—社会医学模式的出现，医患沟通重新得到重视并迅速发展起来。

---

① 参见周晋主编：《医患沟通》，人民卫生出版社2014年版，第7页。

② 参见周晋主编：《医患沟通》，人民卫生出版社2014年版，第7页。

③ 参见Michael Balint, “The Doctor, His Patient, and the Illness”, 268 the *Lancet*, 683–688 (1955)。

④ 参见申卫星主编：《医疗纠纷预防和处理条例条文释义与法律适用》，中国法制出版社2018年版，第123页。

二、医患沟通的基础理论

医患沟通有广义和狭义之分，广义的医患沟通是指全体医务人员、卫生管理人员、医疗卫生机构以及医学教育工作者，主要围绕医疗卫生和健康服务的医疗技术与服务规范、政策制度、伦理道德、法律法规、医学人才培养等方面，以非诊疗的各项方式与社会各界进行沟通交流。[①]广义的医患沟通实则以社会作为医患沟通的对象，目的在于通过医患沟通使得社会大众能够分享到医学发展的成果，使得社会大众掌握正确的医学信念和健康的生活方式，提高生活质量和健康水平，进而实现医学为人类健康服务的终极价值目标。[②]狭义的医患沟通是指医务人员在日常诊疗过程中，与患者、家属及亲友就诊疗、服务、健康及心理和社会因素等相关因素进行沟通，主要是在诊疗过程进行的有效交流沟通。[③]狭义的医患沟通实则是以患方作为医患沟通的对象。综合来讲，医患沟通是指在医疗卫生和保健工作中，医患双方围绕诊疗、健康、服务及心理和社会等相关因素等，以医方为主导，以患者为中心，将医学和人文相结合，通过各种有特征的全方位信息的多途径交流，促使医患双方形成共识并建立信任合作关系，达到维护人类健康、促进医学发展和社会进步的目的。[④]

---

① 参见徐瑞容、何思忠主编:《医患关系学》，科学出版社2018年版，第33页。

② 参见周晋主编:《医患沟通》，人民卫生出版社2014年版，第6页。

③ 参见徐瑞容、何思忠主编:《医患关系学》，科学出版社2018年版，第33页。

④ 参见徐瑞容、何思忠主编:《医患关系学》，科学出版社2018年版，第33页。

医患沟通主要具有如下特征：[①]第一，医患沟通的本质是诊疗性的沟通，即通过医患沟通，创造一种有效的医患关系，促进患者恢复健康。第二，医患沟通是双向性的沟通，即需要医方与患方的共同配合，而非某一方的单方面沟通。第三，医患沟通的形式是多样的，可以是语言性的沟通，也可以是非语言性的沟通。第四，医患沟通既是一项沟通技巧，更是一项沟通艺术。

医患沟通对和谐医患关系的构建，医学的发展，乃至社会的发展都具有重要意义。首先，良好的医患沟通可以使医务人员受益。研究表明，良好的医患沟通可以帮助患者表述出真正的问题，[②]有利于医师准确找出致病因素并对症下药，更好地帮助患者改善自身状况，而医务人员本身也可以因此而更多地感受到工作中的正能量，进而更好地享受自己的工作。[③]同时，良好的医患沟通可以减少投诉和医疗诉讼。很多时候，患方提起医疗诉讼并非仅仅是为了赔偿，更多的反而是因为医务人员对问题的处理方式和态度。[④]其次，良好的医患沟通可以使患者受益。研究表明，良好的医患沟通可以提升

---

① 参见徐瑞容、何思忠主编：《医患关系学》，科学出版社2018年版，第35页。

② 英国的一项研究表明，大多数患者在就诊过程中无法表述出自己的问题，其中包括：心理需求、对诊断结果与未来情况的担心、对自己问题的判断、对副作用的担忧、对处方的拒绝、疾病对他们的社会生活造成的影响等。这种情况很容易使医师开出患者不需要或不会使用的处方，最终导致患者不能坚持治疗。参见Christine A Barry, Colin P Bradley, Nicky Britten, Fiona A Stevenson, Nick Barber, “Patients’ Unvoiced Agendas in General Practice Consultations: Qualitative Study”, 320 the *BMJ*, 1246–1250 (2000)。

③ 参见［英］彼得·沃舍著：《临床医患沟通艺术》，王岳译，北京大学医学出版社2016年版，第13页。

④ 参见Charles Vincent, Magi Young, Angela Phillips, “Why do People Sue Doctors? A Study of Patients and Relatives Taking Legal Action”, 343 the *Lancet*, 1609–1613 (1994)。

患方的满意度，还能改善治疗结果。[①]加拿大的一项研究曾跟踪调查了272名一年内因头疼而就诊的患者。研究发现，能够与医师全面讨论头痛及相关问题的患者的治疗结果是最好的。[②]再次，良好的医患沟通可以促进医学的发展。自古以来，医学的发展都离不开医患双方的共同努力，医患沟通是医学发展的动力源泉之一。[③]最后，良好的医患沟通可以提高全民健康效率，共建医患和谐社会。良好的医患沟通可以使得医患双方携手合作，创造健康的身心，健康的生活，健康的环境，进而推动社会的进步。[④]

医患沟通要遵循一定的基本原则，包括以人的健康为本、维护患方权益、注重诚信行医、尊重医学科学、有效地表达信息和密切的医患合作。[⑤]

---

① 参见Neeraj K. Arora, "Interacting with Cancer Patients: the Significance of Physicians' Communication Behavior", 57 the *Social Science & Medicine*, 791–806 (2003); Moira A. Stewart, "Effective Physician–Patient Communication and Health Outcomes: A Review", 152 the *Canadian Medical Association Journal*, 1423–1433 (1995); Jeffrey L. Jackson, "Communication about Symptoms in Primary Care: Impact on Patient Outcomes", 11 the *Journal of Alternative and Complementary Medicine*, 51–56 (2005); Ronald M. Epstein, Richard L. Street, *Patient-centered Communication in Cancer Care: Promoting Healing and Reducing Suffering*, Maryland: National Cancer Institute, 2007, p.99。

② The Headache Study Group of the University of Western Ontario, "Predictors of outcome in headache patients presenting to family physicians. A One Year Prospective Study", 26 the *Headache: the Journal of Head and Face Pain*, 285–294 (1986).

③ 参见王锦帆、尹梅主编:《医患沟通》，人民卫生出版社2018年版，第56页。

④ 参见王锦帆、尹梅主编:《医患沟通》，人民卫生出版社2018年版，第55—56页。

⑤ 以人的健康为本是指要给患方更多的人文关怀，保证其身心的健康；维护患方权益是指医务人员要将维护患方权益作为自己的职业操守，并通过医患沟通来实现；注重诚信行医是指医方要首先积极主动去赢得患方的信任；尊重医学科学是指医务人员要把握好尊重医学科学和实施人文关怀的尺度，理性地将医学科学信息传达给患者；有效地表达信息是指医务人员要通过口头语言、肢体语言、书面语言及环境语言来有效地传达信息；密切的医患合作是指医方要主动沟通、引导患方，同时要以患方的自愿为必备条件。参见王锦帆、尹梅主编:《医患沟通》，人民卫生出版社2018年版，第69页。

具体的医患沟通方式包括言语沟通、非言语沟通和书面沟通三种。[①]在沟通过程中要掌握一定的技能[②]并根据不同的环境有所调整。

三、我国医患沟通机制的发展现状及完善建议

2002年以前，我国理论界就医患沟通的研究非常少，[③]我国的医学院校中也几乎没有开设医患沟通的课程，亦没有相关的教材。[④]2002年12月卫生部在重庆医科大学附属儿童医院召开了"全国医患沟通经验交流会"，被认为拉开了医患沟通工作的序幕。[⑤]2003年9月，我国首部高等医学教育《医患沟通学》教材出版发行；2006年，教育部首次在我国医学教育课程体系中增设了医学沟通学课程，充分说明医患沟通教育受到了卫生部门和教育部门的高度重视。[⑥]医患沟通的相关研究也逐年增长。[⑦]

与医患沟通的教育与研究相比，我国关于医患沟通的立法起步相对较早。1994年颁布的《医疗机构管理条例》被认为是在法律以及行政法

---

① 参见王锦帆、尹梅主编:《医患沟通》，人民卫生出版社2018年版，第79—87页。

② 比如，有学者提出了医患沟通的"五环节"模式，即观察—倾听—共情—需要—请求。参见王一方、甄橙主编:《北京大学医患关系蓝皮书：语言与沟通》，北京大学医学出版社2019年版，第40—42页。

③ 笔者以"医患沟通"为关键词在中国知网全文数据库检索发现，2002年以前，论文年平均发表不到1篇，2002年，论文数量才开始增多。

④ 参见王锦帆、尹梅主编:《医患沟通》，人民卫生出版社2018年版，第13—14页。

⑤ 参见徐瑞容、何思忠主编:《医患关系学》，科学出版社2018年版，第32页。

⑥ 参见王锦帆、尹梅主编:《医患沟通》，人民卫生出版社2018年版，第14页。

⑦ 笔者以"医患沟通"为关键词在中国知网全文数据库检索发现，2002年开始，论文发表数量开始增多，2015年达到779篇，2020年开始略有下滑。

规层面最早的关于医患沟通的立法。[①]《医疗机构管理条例》第三十三条对患者的知情同意权作出了规定，要求医疗机构在实施手术、特殊检查或特殊治疗时，必须征得患者的同意。同年颁布的《医疗机构管理条例实施细则》中进一步要求医疗机构要尊重患者对病情、诊断、治疗的知情权利。[②]1999年实施的《中华人民共和国执业医师法》（以下简称为“《执业医师法》”）也就医患沟通有所规定，要求医师应当向患方如实介绍病情，若进行实验性临床医疗，要征得患方的同意。[③]2002年实施的《医疗事故处理条例》中进一步完善了医患沟通的相关规定，要求医方要将患者的病情、医疗措施、医疗风险等如实告知患者并及时解答患者的咨询，同时应允许患者复印相关病历资料。[④]2009年颁布的《侵权责任法》被认为是首次在法律层面就医患沟通作出了较为全面、系统的规定，被认为是我国关于医患沟通的核心法律条款。[⑤]《侵权责任法》要求医务人员在诊疗活动中向患者说明病情和医疗措施；在需要实施手术、特殊检查、特殊治疗时，要及时向患者说明医疗风险、替代医疗方案等情况；医务人员未尽到以上义务，若造成患者损害，医疗机构要承担赔偿责任。[⑥]

---

① 参见虞凯、田侃：《〈民法典〉对医疗机构医患沟通工作的影响分析》，载《中国卫生法制》2021年第2期。

② 参见《医疗机构管理条例实施细则》第六十二条，该实施细则已于2017年被修正。

③ 参见《执业医师法》第二十六条，该法规已被2021年颁布的《医师法》废止。

④ 参见《医疗事故处理条例》第十条、第十一条。

⑤ 参见虞凯、田侃：《〈民法典〉对医疗机构医患沟通工作的影响分析》，载《中国卫生法制》2021年第2期。

⑥ 参见《侵权责任法》第五十五条。

2018年颁布的《医疗纠纷预防和处理条例》中进一步细化了患者的知情同意权和查阅、复制病历权，[①]并明确规定医疗机构应当建立健全医患沟通机制，对患者在诊疗过程中提出的咨询、意见和建议，要耐心解释、说明，对患者就诊疗行为提出的疑问，要及时核实、自查。[②]2019年《基本医疗卫生与健康促进法》颁布，再次从法律层面对公民知情同意权进行了规定。[③]2020年《民法典》颁布，《侵权责任法》被吸收，其中就医患沟通的相关规定也被吸收进《民法典》。[④]2021年颁布的《医师法》从医师的义务角度对医患沟通进行了规定，可以算是当下对医患沟通的最新立法。[⑤]

总体来讲，我国对医患沟通机制的发展比较重视，法律法规对医患沟通的支持保障力度也比较大，既有行政法规层面的相关规定，也有法律层面的相关规定。从其立法进程来看，整体呈现出三个特点：第一，患方主体的身份要求越来越明确；第二，医患沟通的内容要求越来越详尽；第三，对患者知情同意权的保障越来越有力。[⑥]

笔者以为，我国当下对医患沟通的研究虽然比较丰富，亦有相关法律法规对其给予法律层面的支持，但目前法律法规对医患沟通的规定更多的是从患者权利及医师义务角度出发的，特别是对患者知情同意权和医师告知义务的规定，真正从医患沟通机制角度进行规定的较少。2018年《医疗

---

① 参见《医疗纠纷预防和处理条例》第十三条、第十六条。

② 参见《医疗纠纷预防和处理条例》第十七条。

③ 参见《基本医疗卫生与健康促进法》第三十二条。

④ 参见《民法典》第一千二百一十九条。

⑤ 参见《医师法》第二十五条。

⑥ 参见虞凯、田侃：《〈民法典〉对医疗机构医患沟通工作的影响分析》，载《中国卫生法制》2021年第2期。

纠纷预防和处理条例》中尽管就医患沟通机制专门进行了规定，可谓《医疗纠纷预防和处理条例》的创新点之一，但也只有第十七条一个条文对其进行了规定。笔者以为，应进一步细化完善医患沟通机制的法律法规，使得医患沟通机制可以更好地实现构建和谐医患关系、预防医疗纠纷的重要功效。

第五节　医务社会工作制度

伴随着医学模式的转变及患者权利意识的不断提高，医患关系也在不断地发生变化，当医务人员所提供的医疗服务与患者所需不平衡时，医患之间便容易产生冲突。医务社会工作者诞生于医院中，以患者、患者家属和医务人员为服务对象，能够有效地弥补医患之间供需的不平衡，是医患之间的桥梁。

一、医务社会工作的发展史

医务社会工作起源于英国，是社会工作的一种。16世纪在英国医院中帮助孤贫患者的“施赈者”被认为是最早的医务社会工作者。1895年，英国上议院正式批准伦敦皇家医院聘用“施赈者”帮助孤贫患者解决医疗相关的问题。此时的医务社会工作受宗教影响较大，对象大多局限于老人、穷人、孤儿等特殊人群，属于医务社会工作的萌芽期。1905年，美国麻省综合医院的内科医生理查德·卡博（Richard C. Cabor）任命护士加尼特·佩尔顿（Garnet I. Pelton）为内科诊所的社会工作者，医务社会工作进入了医院社会工作的新阶段，标志着现代意义上的医务社会工作的开始。1907年，麻省综合医院的神经学诊所也开始提供社会工作服务，标志着精神卫生社会工作的开始。此时的医务社会工作者大多被视为医生的助手，工作宗旨是全面了解患者的家庭及生活情况，协助医生救治患者。随着人们对健康观念的转变，医务社会工作的对象从单个的患者扩大至整个社区，医务社会工作者除在医疗机构中为患者提供服务以外，亦重视在社区中进行健康宣传，并积极参与到公共卫生中。①

二、医务社会工作的基础理论

医务社会工作主要是指医务社会工作者在医疗卫生机构中围绕医疗过程而展开的社会工作，主要包括对患者及患者家属的心理及社会援助。②医务社会工作的服务对象主要包括患者、患者家属和医务人员。就患者与患者家属而言，医务社会工作者可以在整个医疗服务活动过程中提供帮助服务，从生理、心理、经济支援等角度提供帮助。就医务人员而言，生物—心理—社会医学模式要求医务人员全面理解患者的生理、心理问题以及患者所处的社会环境。因此医务人员面临巨大的工作压力。医务社会工作者一方面可以在患者的诊疗过程中协助医务人员全面了解患者的情况，另一方面可以为医务人员提供心理帮助。

---

① 参见赵怀娟、宋宇宏、杨正霞编著：《医务社会工作》，北京大学医学出版社2015年版，第2—6页。

② 医务社会工作的含义随着医务社会工作的发展而变化，一般认为其有狭义和广义之分。此处的含义为狭义的医务社会工作。广义的医务社会工作指不仅在医疗卫生机构中为患者及家属提供心理及社会援助，还注重探索影响健康的社会心理因素，利用社区和社会资源，促进医疗保健与社会福利的整合，增进公众对疾病的预防，保护公众健康。参见季庆英主编：《医务社会工作手册》，人民卫生出版社2020年版，第1—2页。

医务社会工作与其他社会工作一样，认为每个个体都有自己的态度、感受、价值观、信念、行为、精神和生理健康状态，以及他们在家庭、工作场所、学校、邻里等场合中需要扮演的各种社会角色，社会工作者要全面理解病患，将其纳入他们生活的环境和社会环境中开展工作。[①]其工作方法主要包括个案社会工作方法[②]、小组社会工作方法[③]、社区社会工作方法[④]以及其他特殊的工作方法[⑤]。在工作过程中，尊重、关怀、接纳、专注、真诚、同理、倾听是医务社会工作者必须掌握的技巧。医务社会工作者需要通过适当的肢体语言，以一种诚恳、从容、开放的态度与服务对象接触，不评判服务对象，在用耳朵听的同时，用眼睛去观察，深入服务对象的内心，尊重关怀服务对象。[⑥]

---

① 参见［美］洛伊斯·A.考尔斯：《医疗社会工作：保健的视角》，刘梦、王献蜜译，中国人民大学出版社2011年版，第12—13页。

② 个案社会工作方法是由专业的社会工作者以个别辅导的方式，了解患者和疾病相关联的各种社会、经济、家庭、情绪等问题，评估服务对象及其家庭的需求，在此基础上设计一套服务计划，以满足特定服务对象的复杂需求。参见北京春苗慈善基金会主编：《医务社会工作案例：重症儿童救助手册》，中国人民大学出版社2022年版，第10页。

③ 小组社会工作方法是以小组活动为载体，以患者及家属为主要成员，以人际间的依存与互动关系为基础，在社会工作者的规划与引导下，通过组员之间的交流、情绪支持、相互讨论，促进组员成长。参见赵怀娟、宋宇宏、杨正霞编著：《医务社会工作》，北京大学医学出版社2015年版，第77—78页。

④ 社区社会工作方法主要是通过社会工作者在社区组织一定活动，满足社区居民在医疗卫生保健方面的需求，提高社区居民的健康水平。参见赵怀娟、宋宇宏、杨正霞编著：《医务社会工作》，北京大学医学出版社2015年版，第87页。

⑤ 医务社会工作针对医疗活动过程中的特殊情况，形成了一些专业性较强的工作方法，比如专门针对出院安置的出院安置计划工作以及专门适用于急诊室环境中的急诊室社会工作。参见李迎生主编：《社会工作概论》，中国人民大学出版社2018年版，第479—480页。

⑥ 参见北京春苗慈善基金会主编：《医务社会工作案例：重症儿童救助手册》，中国人民大学出版社2022年版，第21—23页。

三、我国医务社会工作制度的发展现状及完善建议

早在1921年，我国就已经开始了医务社会工作制度的实践，但是中华人民共和国成立后学科专业的调整，使得我国现在医务社会工作的发展仍处于探索阶段，各个地区发展不平衡，亦欠缺相关法规，导致实践中存在一定的问题。

（一）医务社会工作制度的实践发展不平衡

我国医务社会工作起步较早，1921年，艾达·普鲁伊特（Ida Pruitt）女士在北平协和医院指导建立"社会服务部"，标志着我国医务社会工作的诞生。[①]在协和医院的影响下，国内许多医院都开始提供医务社会工作服务。[②]中华人民共和国成立后，因社会学和社会工作专业被撤销，医院内的社会工作部也被撤销，医务社会工作处于休眠与停滞阶段。[③]直到改革开放，伴随着社会学和社会工作专业的恢复，我国医务社会工作开始了恢复与重建。但是，此时几乎没有医务社会工作的实践，仅在医务社会学研究的热潮中偶尔涉及医务社会工作的相关研究。20世纪90年代以

---

① 协和医院的社会工作不仅仅标志着中国医务社会工作的诞生，亦被认为开创了亚太地区医院社会工作的先河。艾达·普鲁伊特女士更是被认为是中国医院社会工作服务模式的奠基人。参见［美］蒲爱德、唐佳其、刘继同：《医务社会工作者：他们的工作与专业训练》，载《社会工作下半月（理论）》2008年第4期。

② 比如，济南齐鲁大学医学院附属医院、南京鼓楼医院、上海红十字会医院、上海仁济医院等。参见赵怀娟、宋宇宏、杨正霞编著：《医务社会工作》，北京大学医学出版社2015年版，第11—12页。

③ 参见赵怀娟、宋宇宏、杨正霞编著：《医务社会工作》，北京大学医学出版社2015年版，第12页。

来，中国社会工作教育发展迎来第一个高峰期，[①]但是，医务社会工作的研究与实务仍然较少，仅开始有个别的专业社工进入医疗卫生机构，从事医务社会工作。2000年，上海东方医院设立“社会工作部”，拉开了我国医务社会工作机构建设的序幕，越来越多社会工作专业的毕业生进入医疗机构工作，医务社会工作实务进入初步发展期。自2007年以来，真正的医务社会工作实务逐渐形成且不断增多。上海医疗卫生、红十字会、民政、司法、妇联、共青团等系统聘用社会工作者开始增多；深圳市民政局运用政府购买服务的方式，为6所医疗机构配备8名专业医务社会工作者。医务社会工作进入全面发展阶段。[②]

尽管我国医务社会工作实务开始得较早，但是中华人民共和国成立到改革开放之间的休眠与停滞期导致改革开放后医务社会工作的再出发并非一帆风顺。与西方国家医务社会工作制度的发展正好相反，我国改革开放后，医务社会工作的发展是教育发展在先，实务发展在后。[③]我国医务社会工作的实践相对落后且发展不平衡。2018年，卫生健康委发布《进一步改善医疗服务行动计划（2018—2020年）考核指标（医

① 1994年中国社会工作教育协会成立，截至2000年前，全国已有28所院校设置社会工作专业。参见刘继同：《改革开放30年以来中国医务社会工作的历史回顾、现状与前瞻》，载《社会工作》2012年第7期。

② 此处对我国医务社会工作制度发展的介绍参考了刘继同老师的划分方式。刘继同老师将我国改革开放后医务社会工作制度的发展划分为四个阶段：1978年至1991年、1992至1999年、2000—2006年和2007—2011年。参见刘继同：《改革开放30年以来中国医务社会工作的历史回顾、现状与前瞻》，载《社会工作》2012年第7期。

③ 参见刘继同：《改革开放30年以来中国医务社会工作的历史回顾、现状与前瞻》，载《社会工作》2012年第7期。

疗机构）》，将“医务社会工作制度”调整为一级指标，同时增加了其权重。①这一调整所带来的积极结果是，2020年143家三级公立医院中，83.22%的医院设置了医务社工岗位，较2018年有明显增长。但是，这143家医院中有18家取消了已经设置的医务社工岗位，专职医务社工岗位设置率仍然较低，仅55.24%；除此之外，东、中、西部地区医院医务社工岗位设置率差异较大，中、东部地区设置率较高，西部地区则较低。②

（二）欠缺就医务社会工作制度的相关法规

与已经发展了100多年、基本成熟的西方医务社会工作相比，我国的医务社会工作仍处于探索阶段，特别是在制度保障方面，各地区在医务社会工作相关法规制定上存在差异，呈现出各地区发展不平衡的样态。③尽管在上海、广东两地的探索与带动下，北京、天津等地政府均出台了相应的医务社工指导性或支持性政策，但就医务社会工作的相关法规制定上，

① 在《进一步改善医疗服务行动计划（2015—2017年）考核指标》中，“加强社工和志愿者服务”仅为二级指标，分值仅为1分，同时有社工和志愿者得满分，有社工无志愿者或有志愿者无社工得0.6分，等于没有社工最多扣0.4分。参见柴双：《医务社会工作将成为医疗机构的“标配”——〈进一步改善医疗服务行动计划（2018—2020年）考核指标（医疗机构）〉解读》，载《中国社会工作》2018年第12期。

② 参见姜中石等：《我国三级公立医院医务社工配备调查》，载《中国卫生质量管理》2021年第11期。

③ 参见柏豪：《疫情防控工作常态化背景下的医务社会工作研究》，载《山东社会科学》2021年第4期。

各地存在差异，亦欠缺全国性的法规。[①]

由于欠缺对医务社会工作制度的相关法规，导致医务社工在实践中存在一定问题。整个社会对医务社工的认知度较低就是一个比较普遍的问题。普通医务人员与医务社工互动少，几乎未接受过医务社工的帮助，对医务社工的工作职责及方法等不了解，认为医务社工并不了解医学知识，并不能帮助其患者，对医务社工开展活动持怀疑态度。[②]患者在面对医务社工时，由于医务社工受雇于医院，常常误认为其是医院方的利益共同体，难以完全信任医务社工，这也为医务社工开展工作带来难度。[③]就医院而言，尽管是否设有医务社工的岗位是医疗服务考核指标的一部分，但医院管理层对医务社工的认知程度较低，常把医务社工当作行政人员。[④]在对18家取消了已经设置的医务社工岗位的医院的回访中，医务社工需要医院

① 我国在国家与地方层面有一系列推动医务社会工作发展的政策保障。比如在2009年发布的《中共中央、国务院关于深化医药卫生体制改革的意见》中明确要求开展医务社会工作；在2012年上海市卫生局（现上海市卫健委）联合多部门出台的《关于推进医务社会工作人才队伍建设的实施意见（试行）》中要求建设一支专业化、职业化的医务社会工作人才队伍；广东在深圳市的带领下，多地区采用通过政府购买服务的方式开展医务社会工作等。参见季庆英主编：《医务社会工作手册》，人民卫生出版社2020年版，第7—10页。

② 参见李华俊、余湛：《互动仪式链视角下医务社工对医患纠纷的介入》，载《科学领导论坛》2018年第19期；又可参见董镜茹等：《公立医院社会工作部门运营模式》，载《管理观察》2016年第5期。

③ 参见李华俊、余湛：《互动仪式链视角下医务社工对医患纠纷的介入》，载《科学领导论坛》2018年第19期。

④ 参见李华俊、余湛：《互动仪式链视角下医务社工对医患纠纷的介入》，载《科学领导论坛》2018年第19期。

拨款，却无法直接为医院创收是这些医院取消医务社工岗位的原因之一。[①]普通民众往往仅将医务社工看作一般志愿者，主要职责只是为患者提供就医引导与服务，进而影响医务社工的专业认同的形成，直接削弱了其服务的专业性、科学性与价值。[②]

医务社会工作制度相关法规欠缺带来的另一个问题是医务社工在工作中时常面临伦理困境。医务社工作为医患之间沟通的桥梁，往往比医方及患方掌握更多的信息，是否要将所有信息告知案主与案主知情权及自主决定权是医务社工面临的伦理困境之一。[③]而医务社工编制隶属于医院，专业工作要求其对患者负责，在医务社工介入重大医疗事故的处理时，往往面临难以处理的伦理困境。[④]

（三）我国医务社会工作制度的完善建议

针对我国医务社会工作制度的发展现状，笔者认为应从以下四个方面加以完善：

第一，明确医务社工的角色定位。当下医务社工在工作中常常遭到医方与患方的双重误解，导致医务社工不能发挥其医患桥梁的功效。因此，需要进一步明确医务社工的角色地位。医务社工首先是诊断评估者，医务

---

① 参见姜中石等：《我国三级公立医院医务社工配备调查》，载《中国卫生质量管理》2021年第11期。

② 参见张爱华：《医患关系的谱系学分析及社工介入的可为空间》，载《江汉大学学报（社会科学版）》2019年第3期。

③ 参见张旭：《对我国医务社工发展的法治化研究》，载《学理论》2020年第10期。

④ 参见张爱华：《医患关系的谱系学分析及社工介入的可为空间》，载《江汉大学学报（社会科学版）》2019年第3期。

社工要对患者及家属因疾病引起的社会心理需求与问题进行评估并制定解决问题的方案；其次医务社工是信息提供者，医务社工要与医务人员进行联系，协助医务人员全面了解患者，以便医务人员更好地做出诊疗；最后医务社工是支持辅导者，医务社工要给予患者及家属相应的咨询与辅导，为患者及家属提供相应的社会资源。①

第二，完善医务社工的准入标准及考核机制。医务社工作为一个行业，需要有完善的准入标准及相应的考核机制，以促进其职业化发展。医务社会工作制度发展比较完善的国家均有专门的执业资格认证和注册体系，对从业人员的学历背景、专业考核、继续教育、督导支持等都做了严格要求，使得医务社工的专业性和不可替代性得到了社会的认可。②

第三，明确医务社工的权利义务以及法律责任。医务社工的权利义务以及法律责任的不清晰，容易导致医务社工在工作时面临伦理困境等问题。明确医务社工的权利义务及法律责任，可以有效帮助医务社工处理工作时的伦理难题，提升其工作成效，避免不必要的纠纷。

第四，加强对医务社会工作制度的政策和法律法规的支持。我国当下对医务社会工作制度的支持主要是政策性支持，在法律法规层面的规定几乎没有，应进一步加强对医务社会工作制度的法律法规支持，特别是要对医务社工权利义务和法律责任作出明确规定，进而实现从法律法规层面对医务社会工作制度的支持。

---

① 参见季庆英主编：《医务社会工作手册》，人民卫生出版社2020年版，第117页。

② 参见季庆英主编：《医务社会工作手册》，人民卫生出版社2020年版，第97—98页。

本章小结

医疗纠纷有广义和狭义之分，广义的医疗纠纷包括医患双方发生的任何争议；狭义的医疗纠纷仅指医患双方因诊疗活动引发的争议。“医疗纠纷”与“医疗事故”“医疗损害”既相互联系又有所区别。医疗事故是一个行政法概念，侧重于卫生行政主管部门的行政管理和相关人员的行政责任，医疗损害是一个民事概念，侧重于民事责任问题。医疗纠纷包括医疗事故和医疗损害，医疗事故和医疗损害是引发医疗纠纷最典型的事件。

引起医疗纠纷的原因较为复杂，大体可以概括为医方的原因、患方的原因和社会的原因。医疗机构管理制度不健全，疏远了医患距离的诊疗方式，与患者沟通不充分、服务态度差、责任意识低的医师是引起医疗纠纷的医方的主要原因。患者高涨的权利意识和法律意识，对诊疗结果过高的期待，针对争议的投机心理是引起医疗纠纷的患方的主要原因。医疗资源发展的不平衡，医疗体制改革带来的一些负面问题，医疗保障制度和医疗风险分担机制的不完善，新闻媒体的过度和不实报道，医疗纠纷解决渠道的不畅通是引起医疗纠纷的社会原因。尽管引起医疗纠纷的成因较为复杂，涉及多个主体，但是从本质上来讲，医方、患方的行为以及社会的客观情况造成医患关系紧张、医患之间信任缺失，是导致医疗纠纷产生的本质原因。

医疗纠纷防范的重点在预防，需要社会各主体协力配合采取多种措施，以实现降低医疗纠纷发生的风险。医方需要采取的措施包括：医疗机构需要确立一套行之有效的内部规章制度，落实实施“以患者为中心”的管理模式，尊重保障患者权利，积极履行医方的义务。患方需要采取的措施包括：正确履行患方义务，正确认识医疗风险，遵守法律法规，正确处理医患矛盾。社会需要采取的措施包括：进一步深化医疗卫生领域的供给侧结构性改革，提升医疗机构服务能力和质量，构建多层次的医疗保障体系，健全法律法规，完善医疗纠纷的解纷机制，依法规制新闻媒体的相关报道。

我国就医疗纠纷预防制度的国家层面的立法大体可以《医疗纠纷预防和处理条例》的施行划分为两个阶段，《医疗纠纷预防和处理条例》施行前对医疗纠纷预防的规制大多是通过对医疗纠纷的事后处理来警示和威慑医方的执业行为，并非主动地就医疗纠纷的预防进行规制。《医疗纠纷预防和处理条例》同时注重对医疗纠纷的预防与处理，标志着我国医疗纠纷的综合治理迈入了新的发展阶段。《医疗纠纷预防和处理条例》强调医疗纠纷的预防要从源头抓起，要加强医疗质量安全的日常管理，强化医疗服务关键环节和领域的风险防控，加强医疗服务中的医患沟通，充分体现了对医疗纠纷预防的重视。

医疗纠纷的预防要以构建和谐医患关系为基本出发点，为此，要重视医患沟通机制的建设，并积极发挥医务社会工作制度的作用。

医患沟通随医学的产生而产生，并在早期的医学发展进程中发挥着重要作用。但是，伴随着医学知识和医学技术的发展，特别是生物医学模式的产生，医患之间的沟通逐渐演变为“失语”，医患关系逐渐紧张，医患矛盾逐渐增多，医疗纠纷频繁发生。与此同时，随着患者权利意识的不断提高以及生物—心理—社会医学模式的出现，医患沟通重新得到重视并迅速发展起来。

医患沟通有广义和狭义之分，广义的医患沟通以社会为对象，内容包括医疗技术与服务规范、政策制度、伦理道德、法律法规、医学人才培养等。狭义的医患沟通以患方为对象，主要指在诊疗过程中进行的医患交流。医患沟通对和谐医患关系的构建，医学的发展，社会的发展都具有重要意义。我国在1994年颁布的《医疗机构管理条例》中就有对医患沟通的立法，整个立法进程呈现出患方主体的身份要求越来越明确、医患沟通的内容要求越来越详尽、对患者知情同意权的保障越来越有力的特点。但是，法律法规对医患沟通的规制更多是从患者权利及医师义务的角度出发的，特别是对患者知情同意权和医师告知义务的规定，真正从医患沟通机制角度进行规定的较少。《医疗纠纷预防和处理条例》中尽管专门就医患沟通机制进行了规定，但也只有第十七条一个条文对其进行了规定。应进一步细化完善医患沟通机制的法律法规，使得医患沟通机制可以更好地实现构建和谐医患关系、预防医疗纠纷的重要功效。

医务社会工作从诞生起即服务于医务人员与患者及患者家属。当医务社会工作者的先驱艾达·坎农（Ida Cannon）开始在麻省综合医院工作时，在医务社会工作中，生理、心理和社会环境因素就相互影响，在医疗卫生服务机构中，要实现理解和帮助服务对象，就必须采用生理—心理—社会模式。[①]彼时的生物医学模式将疾病与患者割裂开来，医务人员更多地关注疾病的生物致病因素而忽视患者本身，忽视疾病背后的心理、社会、环境因素，医务社会工作者可以很好地弥补医务人员的不足，可以通过各种方式与患者沟通，了解患者及患者的家庭和生活，进而为医务人员提供相关信息，帮助医务人员了解患者，制定更合理有效的诊疗方案。[②]现代医学模式发展为生物—心理—社会医学模式，与医务社会工作的理念不谋而合。医务社会工作者可以和医务人员形成团队，为患者及家属提供更好的医疗服务。医务社会工作者在工作过程中，可以采用个案或小组等社会工作方法，重视沟通，应特别强调对患者及家属的尊重与理解，以探索患者及家属的需求为出发点，并结合患者及家属的多样性，制定合理的服务计划，帮助患者及家属满足其需求，从而很好地保护患者的各项权利。医疗活动需要医务社会工作者，正如理查德·卡博医生所描述的，医务社会工作者是医院与患者之间的桥梁，可以将医院与社会力量和助人机构有机结合起来。[③]

我国早在1921年就已经开始了医务社会工作制度的实践，但是中华人民共和国成立后学科专业的调整，使得我国现在医务社会工作的发展仍处

---

① 参见［美］洛伊斯·A.考尔斯：《医疗社会工作：保健的视角》，刘梦、王献蜜译，中国人民大学出版社2011年版，第10页。

② 参见赵怀娟、宋宇宏、杨正霞编著：《医务社会工作》，北京大学医学出版社2015年版，第3页。

③ 参见Richard C. Cabot, *Hospital and Dispensary Social Work*, in Goldstine, Dora eds., Expanding Horizons in Medical Social Work, University of Chicago Press, 1955，转引自赵怀娟、宋宇宏、杨正霞编著：《医务社会工作》，北京大学医学出版社2015年版，第2页。

于探索阶段，医务社会工作制度的实践发展不平衡，欠缺就医务社会工作制度的相关法规。医务社会工作制度的发展，需要明确医务社工的角色定位，完善医务社工的准入标准及考核机制，明确医务社工的权利义务及法律责任，加强对医务社会工作制度的政策和法律法规的支持。

结 论

本书以医患关系为视角，就医疗纠纷的预防机制进行研究，得出以下结论性认识：

1.医患关系是医方与患方在诊疗活动过程中产生的各种关系。医患关系中的“医方”与“患方”分别指以医师为主的群体和以患者为中心的群体，无论患方是否因疾病而接受医方的医疗服务，都属于“诊疗活动”的场域内。

2.以诊疗实施的有无为标准，医患关系的内容可以被区分为技术关系与非技术关系。技术关系指医方与患方因医疗技术互动而产生的关系。非技术关系是医方与患方因社会、心理、伦理、经济等因素影响而产生的关系，从医患关系的稳定与和谐角度讲，往往是非技术因素起决定性作用。

3.萨斯和荷伦德提出的三种医患关系模式是认可度较高的医患关系模式。其中，主动—被动型医患关系模式主要应用于紧急救治的情况中，指导—合作型医患关系模式是当下最为普遍的医患关系模式，共同参与型医患关系模式可以说是最为理想的一种医患关系模式，在慢性疾病的治疗中更易实现。但是，随着互联网等技术的发展，医方与患方之间的信息不对等的情况逐渐发生变化，再加上患者权利意识的不断增强，以病人为中心的消费型或者患者指导型医患关系模式很有可能成为未来的主导医患关系模式。

4.医患关系的本质是医患法律关系，是指基于双方约定或法律直接规定而在医患之间发生的，就患者疾病的诊断、治疗、护理等医疗活动所形成的法律上的权利义务关系。根据发生的原因、当事人权利义务及相应的法律责任的不同，可将医患法律关系划分为医疗服务合同关系、医疗无因管理关系和强制医疗关系。医疗服务合同关系是最常见的，也是最基本的医患法律关系，医疗无因管理关系和强制医疗关系都是特殊情形下的医患法律关系。

5.医患法律关系的性质为特殊的民事法律关系。首先，医患之间尽管信息和能力不对等，但在法律地位上是平等的；其次，尽管在无因管理医疗关系和强制医疗关系等特殊情况下，医方和患方的自主性受限，但并不等于医患双方没有自愿的意思表示；最后，患方获得医方提供的医疗服务的同时，需要履行缴纳相应费用的义务，医方与患方之间是等价有偿的。

6.医患法律关系的主体是指在医患法律关系中享有权利和承担义务的人，即医方和患方，具体包括医疗机构及其医务人员和患者及其近亲属或其他相关人员。医患法律关系的客体是医疗行为。对医疗行为的界定应采用广义的理解，包括临床性医疗行为、实验性医疗行为、诊疗目的性医疗行为和非诊疗目的性医疗行为。

7.医患法律关系的内容，是指医方与患方基于医疗服务合同的约定或法律的规定而确定的权利和义务。具体包括医方的权利、医方的义务、患方的权利和患方的义务，是医患法律关系中最核心的构成要素。鉴于医患关系中医方与患方的信息和能力的不对等，医患关系中的权利义务呈现出医方的义务性和患方的权利性特征，即更注重对医方履行义务的要求和对患者享有权利的保护。

8.医患关系受多种因素影响，需要从多个视角对其进行综合分析：

从历史的角度看医患关系，医患关系的形成、发展及变迁与医学的形成、发展有密切的联系。医学知识及技术的普及程度、诊疗活动的场域、医生群体的专业化、医学的建制化、医学模式的发展、国家的卫生建设政策、科技的发展对医患关系有重要影响。

从社会角色理论的视角看医患关系，患者角色和医师角色是永久性的社会角色，但是不同的社会时代对患者角色和医师角色的要求不同。当下，患者角色与医师角色均存在角色不清问题，使得患者角色与医师角色的实际表现与社会对其的期望与规范不同，再加上患者角色与医师角色往往是角色扮演者扮演的诸多角色中的一种，角色内部亦存在冲突问题，影响角色扮演者对患者角色和医师角色的扮演，进而导致了患者角色与医师角色之间的冲突。

从共情理论的视角看医患关系，医患之间的“双向”共情能力对医患关系的和谐与否有直接影响。共情能力在临床医学中的应用可以提升医务人员的工作效率、提升医务人员的职业价值感、降低医务人员的职业倦怠感，可以创造良好的医患沟通氛围，增进医患关系。然而，当下的医患关系中医务人员与患者均表现出共情能力的缺失，导致医患关系紧张，医疗纠纷频发。

9.医疗纠纷是指医患双方因诊疗活动引发的争议，引起医疗纠纷的成因较为复杂，包括医方、患方和社会三个方面。医患关系的紧张、医患之间信任的缺失，是导致医疗纠纷产生的本质原因。医疗纠纷防范的重点在预防，需要社会各主体协力配合。

结合以上结论性认识，本书就我国医疗纠纷预防制度进行了研究，认为我国就医疗纠纷预防制度的国家层面的立法大体可以《医疗纠纷预防和处理条例》的施行划分为两个阶段,《医疗纠纷预防和处理条例》施行前对医疗纠纷的预防的规制大多是通过对医疗纠纷的事后处理来警示和威慑医方的执业行为，并非主动地就医疗纠纷的预防进行规制。《医疗纠纷预防和处理条例》同时注重对医疗纠纷的预防与处理，标志着我国医疗纠纷的综合治理迈入了新的发展阶段。医疗纠纷的预防要以构建和谐医患关系为基本出发点，为此，要重视医患沟通机制的建设，并积极发挥医务社会工作制度的作用。

我国在1994年颁布的《医疗机构管理条例》中就有对医患沟通的立法，整个立法进程呈现出对患方主体的身份要求越来越明确，对医患沟通的内容要求越来越详尽，对患者知情同意权的保障越来越有力的特点。但是，对医患沟通的法律规制更多的是从患者权利及医师义务的角度出发的，特别是对患者知情同意权和医师告知义务的规定，真正从医患沟通机制角度进行规定的较少。《医疗纠纷预防和处理条例》中尽管专门就医患沟通机制进行了规定，但也只有第十七条一个条文对其进行了规定。应进一步细化完善医患沟通机制的法律法规，使得医患沟通机制可以更好地实现构建和谐医患关系、预防医疗纠纷的重要功效。

医务社会工作者是医院与患者之间的桥梁，我国尽管在1921年就已经开始了医务社会工作制度的实践，但是中华人民共和国成立后学科专业的调整，使得我国现在医务社会工作的发展仍处于探索阶段，医务社会工作制度的实践发展不平衡，欠缺对医务社会工作制度的相关法规。医务社会工作制度的发展，需要明确医务社工的角色定位，完善医务社工的准入标准及考核机制，明确医务社工的权利义务及法律责任，加强对医务社会工作制度的政策和法律法规的支持。

后 记

在清华大学法学院做博士后期间，我旁听了我的合作导师申卫星老师所开设的卫生法课程，恰逢彼时自己的研究方向主要集中在争议事项的可仲裁性问题上，医疗纠纷能否通过仲裁予以解决，医疗纠纷仲裁制度的引入是否可以缓解频发的医疗纠纷引起了我的兴趣。随着对医疗纠纷仲裁制度的进一步探究，我开始对医疗纠纷产生兴趣。频发的医疗纠纷并非我国所特有的问题，相反，这是世界各国所共同面临的难题，如何有效预防和解决医疗纠纷受到世界各国学者的广泛关注。

我们中的大多数人出生时接触到的第一个人往往不是自己的母亲，而是医务人员。在我们的一生中亦免不了与医务人员的交往。医患关系是人类社会最基础、最根本、最重要的社会关系之一，亦是受到理论界关注最多的职业关系之一。紧张的医患关系、医患之间信任的缺失注定会导致医疗纠纷的发生，由此，医疗纠纷的预防和解决必然不能脱离医患关系。本书以医患关系为研究视角，就医疗纠纷的预防制度展开分析和探讨，以期为医疗纠纷的有效预防和解决提出具有一定可行性的建议。

英国著名学者查尔斯·福斯特（Charles Foster）在其所著《医事法》一书的致谢中写道：“作为他人观点的马赛克拼图，每一本书都可谓是

‘剽窃’作品。这种情况在法律著作中尤为常见。作者的贡献无非是用新颖的形式重排既有的观点，并适当加工。”本书的完成必须要首先感谢所有在本领域有所著述的前辈及同仁，正是在他们所作研究的基础上，才有了本书。但是，鉴于个人能力有限以及时间的限制，本书有许多不足和遗憾之处，比如，未能从更多的视角对医患关系进行分析，仅从法律、历史、社会角色和共情理论四个视角分析了医患关系；未能对医患沟通机制及医务社会工作制度有更深入全面的探讨。今后，我将继续相关研究，以弥补本书的不足和遗憾之处。

最后，我想感谢我的家人，本书最终能够完成离不开我家人一如既往的支持，感谢他们在我一头扎进书房时的默默付出。感谢我的合作导师申卫星老师，本书最初的灵感来自申老师的课堂，本书的写作方向与题目的最终确定亦来自与申老师的探讨。感谢穆冠群老师和王萍老师在本书写作过程中所提的意见和建议。感谢北京联合大学应用文理学院，特别是法律系在我工作中对我给予的培养和支持。还要特别感谢本书的编辑赵宏老师和刘冰清老师，感谢他们在本书完成过程中给予我的理解、信任与支持。

图书在版编目(CIP)数据

医患关系视角下医疗纠纷预防机制研究 / 陈琦著
. — 北京：中国法制出版社，2023.8
ISBN 978-7-5216-3646-8

Ⅰ. ①医…　Ⅱ. ①陈…　Ⅲ. ①医疗纠纷－预防－研究
－中国　Ⅳ. ①D922.164

中国国家版本馆CIP数据核字（2023）第113065号

策划编辑：赵　宏
责任编辑：刘冰清　　　　封面设计：杨鑫宇

医患关系视角下医疗纠纷预防机制研究
YIHUAN GUANXI SHIJIAO XIA YILIAO JIUFEN YUFANG JIZHI YANJIU

著者 / 陈琦
经销 / 新华书店
印刷 / 北京虎彩文化传播有限公司
开本 / 710毫米 × 1000毫米　16开　　　　印张 / 12　字数 / 141千
版次 / 2023年8月第1版　　　　2023年8月第1次印刷

中国法制出版社出版
书号ISBN 978-7-5216-3646-8　　　　定价：59.00元

北京市西城区西便门西里甲16号西便门办公区
邮政编码：100053　　　　传真：010-63141600
网址：http://www.zgfzs.com　　　　**编辑部电话：010-63141837**
市场营销部电话：010-63141612　　　　**印务部电话：010-63141606**
（如有印装质量问题，请与本社印务部联系。）